Margaret J. Wheatley

QUANTENSPRUNG DER FÜHRUNGSKUNST

Leadership and the New Science

Die neuen Denkmodelle
der Naturwissenschaften
revolutionieren die
Management-Praxis

Deutsch von
Roswitha Enright

ROWOHLT

Die Originalausgabe erschien 1992 unter dem Titel «Leadership
and the New Science: Learning about Organization from
an Orderly Universe» bei Berrett-Koehler
Publishers, Inc., San Francisco

Umschlaggestaltung Guido Klütsch
(Foto: Gruner + Jahr Fotoservice,
photonica / Ron Rovtar)

Für meine Familie

INHALT

VORWORT

«Die Welt ist zu vielfältig, als daß sie in einer einzigen Sprache auszudrücken wäre.»

Ilya Prigogine

Dieses Buch sollte Ihnen die Land- und Seekarten früherer Jahrhunderte in Erinnerung rufen, wie sie die Forscher damals auf ihren Reisen in fremde Länder und über fremde Meere benutzten. Jene ersten Karten mit den dazugehörigen Kommentaren boten Beschreibungen an, die nicht hundertprozentig zutreffen mußten, machten neugierig, gaben aber nicht alles preis. Sie wiesen in bestimmte Richtungen, zeigten Orientierungspunkte auf, warnten vor manchen Gefahren und enthielten doch genügend schwer deutbare Hinweise und weiße Flecken, um andere Forscher und Entdecker herauszufordern, selbst auf Reisen zu gehen. Die alten Karten waren mit farbigen Zeichnungen geschmückt und beschrieben Orte und Ereignisse, die der Verfasser für besonders interessant gehalten hatte, ignorierten dafür aber anderes, was vielleicht ebenfalls von Bedeutung gewesen wäre. Sie enthielten lebenswichtige Informationen, die unter denen ausgetauscht wurden, die den Mut hatten, auf Entdeckungsreise zu gehen.

Dieses Buch enthält meine ersten Reisen in das Land der Neuen Wissenschaft, das Land jener Hypothesen und Entdeckungen in Biologie, Chemie und Physik, durch die unsere Sicht der Welt von Grund auf verwandelt wird. Ich kam als Fremde in dieses Land, als Mensch, der sich während seines Studiums weniger auf die Naturwissenschaft konzentriert hatte als auf Theorie und Praxis von Organisationen. Je weiter ich in diesen neuen Wissensbereich eindrang, desto verführerischer klang der Gesang der Sirenen. Ich wurde mit eindrucksvollen Bildern und Metaphern konfrontiert und lernte eine völlig neue Herangehensweise an die Themen kennen, die Organisationen vor die meisten Probleme stellen: Chaos, Ordnung, Kontrolle, Autonomie, Struktur, Information, Partizipation, Planung und Prognose.

Die vielen Bücher aus den letzten zwanzig Jahren über die wissenschaftlichen Entdeckungen und neuen Erkenntnisse seit Beginn dieses Jahrhunderts waren mir dabei eine große Hilfe. Der erste Teil meiner Reise bestand also darin, mich ausführlich mit dieser Literatur zu beschäftigen, wobei mir langsam immer deutlicher wurde, daß ich mich in einem Land voller wunderbarer Möglichkeiten befand.

Der zweite Teil meiner Reise bestand im Schreiben. Ich sah, wie Ideen und vage Vorstellungen Gestalt annahmen, als ich das neue Verhältnis zwischen mir und meinen Erfahrungen mit Unternehmen auf der einen Seite und den Erkenntnissen der Naturwissenschaft auf der anderen Seite betrachtete. Die Welt der Quantenphysik lehrt uns, daß vorher festgelegte, genau beschreibbare Ziele nicht existieren. Statt dessen gibt es lediglich Potentiale, die zu wirklichen Vorstellungen werden können, abhängig davon, wer mit ihnen in Berührung kommt und mit welchem Ziel er das tut. Erst wenn wir uns in das Unbekannte hinauswagen, können neue Ideen entstehen, und die Art und Weise, in der sie sich manifestieren, ist für jeden Reisenden unterschiedlich.

Ich habe also meine Karten für diejenigen gezeichnet, die in ihrem Leben mit Unternehmen und ihren Strukturen zu tun haben und die wie ich glauben, daß es einen besseren Weg geben muß, das Verhältnis zwischen Arbeit und Menschen, ja das Leben selbst zu organisieren. Ich hoffe, daß auch Sie diese neue Herangehensweise aufregend finden, und möchte Ihnen besonders die Entdeckungen der Neuen Wissenschaft näherbringen, die ich für wichtig halte. Dabei bin ich natürlich durch meinen eigenen beruflichen Werdegang ein wenig voreingenommen und habe mich vor allen Dingen auf den Bereich konzentriert, der mich bei meinem Interesse an Fragen der Organisation besonders fasziniert hat. Dafür mußte ich vieles beiseite lassen. Dieses

Buch soll und kann also weder ein vollständiger noch ein praktischer Führer durch die Neue Wissenschaft sein. Doch ich weise nicht nur auf wissenschaftliche Entwicklungen hin, die mich besonders faszinierten, sondern auch auf Fragestellungen, die uns in der Theorie und Praxis der Organisationen möglicherweise weiterbringen könnten und deshalb genauer erforscht werden sollten, vielleicht sogar von Ihnen. Manches aber fand ich so aufregend, daß ich selbst Implikationen und Verbindungen aufzeigen wollte, die ich für besonders wichtig halte.

In diesem Buch sind also ganz unterschiedliche Reisehilfen zusammengefaßt. Einige beschreiben neue naturwissenschaftliche Entdeckungen, die hoffentlich so deutlich dargestellt sind, daß Sie wenigstens eine Vorstellung von ihrer Tragweite erhalten. Andere umreißen Bereiche, in denen wir noch vor vielen Fragen stehen und nicht wissen, was uns erwartet. Und noch andere sind schon sehr detailliert definiert und stellen bewußte Verbindungen zwischen Naturwissenschaft und Organisationen her. Und schließlich geht es in diesem Buch auch um meine eigene Entdeckungsreise und meine persönlichen Gefühle und Erfahrungen. Ich brachte von meinen Vorstößen in das Unbekannte nicht nur Schätze der Erkenntnis zurück, sondern auch immer wieder neue Fragen. Und das eine wie das andere versuchte ich dann in meine praktische Arbeit mit Management und Organisationen mit hineinzunehmen.

Drei Bereiche der Naturwissenschaft werden im einzelnen behandelt: die Quantenphysik, sich selbst organisierende Systeme und die Chaostheorie. Da ich die naturwissenschaftlichen Entdeckungen nacheinander behandle, wird alles verständlicher sein, wenn Sie die Kapitel der Reihe nach lesen.

In der Einführung und im 1. Kapitel stelle ich alle drei Wissenschaftsgebiete vor und die Art und Weise, in der sie unser Verständnis von der Welt verändert haben. Hier finden Sie ebenfalls erste Erklärungen über den Ursprung der Ordnung im Universum und werden dazu angeregt, über Ängste und Konditionierungen nachzudenken, die uns daran hindern, gegenüber neuen Theorien über das Entstehen von Ordnungsstrukturen in komplexen Systemen aufgeschlossen zu sein.

In Kapitel 2 bis 4 wird untersucht, was wir aus der Quantenphysik in bezug auf organisatorische Planung und ihre praktische Anwendung ableiten können, die noch heute meistens auf den Erkenntnissen von Sir Isaac Newton aus dem siebzehnten Jahrhundert beruhen. Quantenphysik läßt uns über Beobachtung und Wahrnehmung, über Partizipation und Beziehungen und über Einflüsse und Verbindungen nachdenken, Aspekte, denen in komplexen Systemen eine große Bedeutung zukommt.

Kapitel 5 und 6 behandeln die naturwissenschaftliche Theorie, die den sich selbst organisierenden oder dissipativen Strukturen zugrunde liegt. Es geht hier um ein neues Verständnis von Ungleichgewicht und Veränderung, um die Möglichkeiten, über Unordnung neue Bedingungen für evolutionäres Wachstum zu schaffen. In diesem Bild eines sich selbst organisierenden Universums ist Information die Primärenergie, die der ungeformten Materie Gestalt gibt, also notwendig ist für kontinuierliches Leben. Sich selbst organisierende Strukturen zeigen uns neue Zusammenhänge zwischen Autonomie und Kontrolle und machen deutlich, wie auch ein umfassendes System Zusammenhalt und Identität bewahren kann, wenn es individuelle Freiheit in hohem Maße toleriert.

Kapitel 7 befaßt sich mit der Chaostheorie. Aus unserer Welt, wo Chaos und Ordnung nebeneinander existieren, wo Stabilität niemals garantiert ist, sich Chaos jedoch immer in Grenzen fügt, stammt auch meine eigene Hypothese über die Kräfte in Organisationen, die Struktur schaffen, beständig auch in chaotischen Zeiten. Ich untersuche ferner, was wir von den Fraktalen lernen können, wie zum Beispiel die Natur die unterschiedlichsten und kompliziertesten Formen nur dadurch hervorbringt, daß sie ein paar Grundprinzipien festsetzt und dann ein großes Maß an Autonomie erlaubt.

Dieses Buch kann lediglich in ersten Ansätzen eine neue

Denkweise im Hinblick auf Organisationen vorstellen, sollte also nicht zu definitiven Schlüssen verleiten. In Kapitel 8 und im Nachwort versuche ich allerdings, verschiedene Prinzipien der Neuen Wissenschaft in einem Zusammenhang zu sehen, und mache Vorschläge, wie man Managementprobleme auf eine «neue» wissenschaftliche Weise angehen kann. Es gibt etliche wichtige Problembereiche im heutigen Management, die man mit Erkenntnissen der Neuen Wissenschaft besser angehen kann als mit denen der traditionellen Wissenschaft, an die wir uns bisher immer noch geklammert haben. Diese neuen Entdeckungen gründlich verstehen und in die Praxis umsetzen zu können wird allerdings noch viele Jahre in Anspruch nehmen. Viele neue Verbindungen müssen geknüpft werden, und eine Offenheit für neue Fragestellungen muß sich entwickeln. Im Nachwort berichte ich von meinen eigenen Erfahrungen im Verlauf dieses Entdeckungsprozesses.

Ich weiß, daß ich nach diesen ersten Ausflügen in fremdes Territorium immer noch wichtige und tiefgreifende Veränderungen durchmache. Ich hoffe, daß Sie bei Ihren Entdeckungsreisen sogar noch weiter vorstoßen als ich und mit eigenen Schätzen der Erkenntnis zurückkehren werden.

Mapleton, Utah
März 1992   Margaret J. Wheatley

Die Suche nach einem einfacheren Weg, Unternehmen zu leiten

«Meiner Meinung nach liegt dem Weltganzen
nicht eine mathematische Gleichung zugrunde,
sondern eine vollkommen einfache Idee.
Und ich glaube, wenn wir die eines Tages entdecken,
wird sie uns so zwingend, so unausweichlich vorkommen,
daß wir zueinander sagen werden: ‹Wunderschön!
Anders konnte es ja gar nicht sein!›»

John Archibald Wheeler

Ich bin nicht die einzige, die sich darüber Gedanken
macht, warum Organisationen häufig nicht richtig funktionieren. Viele von uns werden bei der Arbeit geradezu von Fragen
verfolgt: Warum wirken so viele Organisationen zu starr? Warum dauern einzelne Projekte so lange, warum werden sie immer komplizierter und zeigen letzten Endes doch keine wirklich
nennenswerten Ergebnisse? Warum kommt der Fortschritt,
wenn er sich einstellt, so häufig aus einer vollkommen uner-
warteten Richtung, überrascht uns oder ist das Ergebnis von Zu-
fällen, die wir bei all unserer Planung nicht berücksichtigt haben? Warum überfordern uns Veränderungen, mit denen wir
doch angeblich so wunderbar umgehen können, häufig dermaßen, daß wir das Gefühl haben, jegliche Kontrolle, ja sogar den
Boden unter den Füßen zu verlieren? Und warum haben wir unsere Ansprüche schon so weit heruntergeschraubt, daß wir nur
noch hoffen, durchzuhalten und geduldig die zerstörerischen
Kräfte zu ertragen, die immer wieder unvorhergesehen in unseren Unternehmen wirksam werden?

Diese Fragen waren in den letzten Jahren für mich immer drängender geworden, hatten meine Arbeitsleistung eingeschränkt und mein berufliches Selbstbewußtsein erschüttert. Je mehr ich zu tun hatte, je mehr Projekte ich übernahm, desto lauter wurden die Zweifel. Bis ich mich auf eine Reise begab.

Wie viele wichtige Reisen, begann auch diese ganz unspektakulär. Ich befand mich in einer Boeing 757, und unter mir glitt langsam und geräuschlos der nordamerikanische Kontinent dahin. Auf diesen wöchentlichen Flügen von Boston nach Salt Lake City hatte ich viele Stunden Zeit zum Lesen. Und so schlug ich mein erstes Buch über die Neue Wissenschaft auf, nämlich Fritjof Capras «Wendezeit» (München 1983), das eine neue Weltsicht beschreibt, die sich von der Quantenphysik herleitet. Ich begegnete zum ersten Mal einer naturwissenschaftlichen Weltanschauung, die Veränderungsprozesse und Verbindungsmuster berücksichtigte und verstand.

Es war sicher kein Zufall, daß ich mit der neuen Sichtweise in zwölftausend Meter Höhe in Berührung kam. Dieser weite Abstand von der Erde machte die Botschaft nur noch eindringlicher, daß man eine größere Perspektive brauche, um die Dinge mehr in ihrer Gesamtheit sehen zu können. Mit diesem ersten Buch war mein Interesse geweckt, und ich las viele Bücher darüber, was die Neue Wissenschaft für die Biologie, die Evolution, die Chaostheorie und die Quantentheorie bedeutet. Ich war von den Entdeckungen und Theorien dieser Neuen Wissenschaft so fasziniert, daß ich mein eigenes Arbeitsgebiet – Management-Analysen – anfing zu vernachlässigen. Statt dessen begann ich eine inhärente Ordnung im Universum zu erkennen, kreative Prozesse und dynamische, fortwährende Veränderungen, die dennoch eine Ordnung bewahrten. In dieser Welt stellten Ordnung und Veränderung, Autonomie und Kontrolle nicht die großen Gegensätze dar, für die wir sie immer gehalten hatten. Im Gegenteil, in dieser Welt zeigten Wechsel und ständiges Neuentstehen neue Wege auf, Ordnung und Struktur zu erhalten.

Ich glaube nicht, daß ich Capras Buch ebenso verstanden hätte, wenn ich es auf dem festen Erdboden gelesen hätte. In den letzten fünfzehn bis zwanzig Jahren ist eine Reihe von Büchern erschienen, die dem Laien die Erkenntnisse der Neuen Wissenschaft nahebringen wollen, und nicht alle sind gleich gut oder fachlich korrekt. Ich fand einige zu schwierig zu verstehen, andere zu abwegig, aber etliche enthielten faszinierende Bilder und Informationen. Mir wurde bewußt, daß ich mich in einem Bereich bewegte, der neue Visionen von Freiheit und neue Möglichkeiten eröffnete, und ich begann, meine Arbeit auf eine andere Art und Weise zu betrachten. Ich konnte nicht immer mühelos Zusammenhänge zwischen der Neuen Wissenschaft und meinen beruflichen Problemen erkennen, entwickelte aber eine neue Gelassenheit in bezug auf die Fragen, die sich mir stellten. Ich las über das Chaos, dem Ordnung innewohnt, über Information als der elementaren, schaffenden Kraft, über Systeme, die so aufgebaut waren, daß sie zusammenbrechen mußten, um sich erneuern zu können, und über unsichtbare Kräfte, die dem Raum eine Struktur gaben und komplexe Dinge zusammenhielten. Es handelte sich dabei um unwiderstehliche, aufrüttelnde Ideen, die mir Hoffnung gaben, auch wenn sie nicht sofort Lösungen aufzeigten.

Ich wußte es damals und bin heute nur um so fester der Meinung, daß es irgendwie einen einfacheren Weg gibt, Unternehmen zu leiten, eine Methode, die weniger Anstrengung verlangt und weniger Streß erzeugt, als es heute üblich ist. Ich beginne gerade erst, dieses neue Wissen in der Praxis anzuwenden, aber ich glaube nicht mehr daran, daß Organisationen einfach deshalb nicht zu managen sind, weil wir in unserer heutigen Welt ständig Veränderungen und unvorhersehbaren Ereignissen ausgesetzt sind. Statt dessen bin ich davon überzeugt, daß wir ein verzerrtes Bild von der Funktion von Organisationen haben, das wir revidieren müssen, wenn wir uns nicht immer weiter von den wunderbaren neuen Erkenntnissen entfernen wollen, die in der Welt der Wissenschaft als «elegant» bezeichnet werden. Die vielschichtige Komplexität, das Gefühl, daß wir keinen Einfluß mehr haben, daß die Dinge außer Kontrolle sind, sind nur Zeichen dafür, daß wir die tiefere Wirklichkeit des organisatorischen Lebens, ja des Lebens im allgemeinen nicht verstehen. Wir alle suchen nach dieser Simplizität. In vielen verschiedenen Lebensbereichen sehen wir uns heute mit Fragen konfrontiert, auf die wir trotz all unseres Wissens und Könnens keine Antwort finden. Um die Jahrhundertwende standen die Physiker den gleichen zermürbenden Fragen gegenüber. Es gibt eine Geschichte von Niels Bohr und Werner Heisenberg, die häufig zitiert wird. Folgende Version stammt aus «Wendezeit» von Fritjof Capra:

«Im 20. Jahrhundert jedoch standen die Physiker erstmalig vor einer ernsthaften Herausforderung ihrer Fähigkeit, das Universum zu verstehen. Jedesmal, wenn sie die Natur durch ein Experiment befragten, antwortete diese mit einem Paradoxon, und je mehr sie die Situation zu klären versuchten, desto krasser wurden die Paradoxa. In ihrem Bemühen, diese neue Wirklichkeit zu begreifen, wurden die Wissenschaftler sich schmerzlich dessen bewußt, daß ihre Grundbegriffe, ihre Sprachen und ihre ganze Art zu denken nicht ausreichten, die atomaren Phänomene zu beschreiben. Ihr Problem war nicht nur intellektueller Art, sondern schloß auch eine tiefgreifende emotionale und existentielle Erfahrung ein. Werner Heisenberg hat das sehr lebendig beschrieben: ‹Ich erinnere mich an viele Diskussionen mit Bohr, die bis spät in die Nacht dauerten und fast in Verzweiflung endeten. Und wenn ich am Ende solcher Diskussionen noch allein einen kurzen Spaziergang im benachbarten Park unternahm, wiederholte ich mir immer und immer wieder die Frage: *Kann die Natur wirklich so absurd sein, wie es in unseren atomaren Experimenten erscheint?*›

Die Physiker brauchten lange, um die Tatsache zu akzeptieren, daß diese Paradoxa zur innersten Struktur der Atomphysik gehören... Als dies erkannt war, lernten die Physiker, die richtigen Fragen zu stellen und Widersprüche zu vermeiden... und fanden schließlich die präzise mathematische Formulierung dieser Theorie.

...Auch nach der Vollendung ihrer mathematischen Formulierung waren die Begriffe der Quantentheorie keineswegs leicht zu akzeptieren. Ihre Auswirkungen auf die Vorstellungen der Physiker von der Wirklichkeit waren geradezu erschütternd. Die neue Physik erforderte tiefgreifende Änderungen von Grundbegriffen wie Raum, Zeit, Materie, Gegenstand, Ursache und Wirkung. Und da diese Vorstellungen von so fundamentaler Bedeutung für die Art und Weise sind, auf die wir die Welt erfahren, bedeutete ihre Umgestaltung einen großen Schock. Um erneut Heisenberg zu zitieren: ‹Diese heftige Reaktion auf die jüngste Entwicklung der modernen Physik kann man nur verstehen, wenn man erkennt, daß hier die Fundamente der Physik und vielleicht der Naturwissenschaft überhaupt in Bewegung geraten waren und daß diese Bewegung ein Gefühl hervorgerufen hat, als würde mir der Boden, auf dem die Wissenschaft steht, unter den Füßen weggezogen.» (Fritjof Capra: Wendezeit, Bausteine für ein neues Weltbild; Bern, München, Wien: Scherz Verlag 1983. Einzig berechtigte Übersetzung aus dem Amerikanischen von Erwin Schuhmacher.)

Ich habe in den vergangenen Jahren diese Geschichte oft Managern erzählt, die sich mit Veränderungen der Unternehmensstruktur befaßten. Es spricht daraus eine ernüchternde Wahrheit. Jeder von uns kennt die Gefühle, die hier beschrieben werden. Wir sind daran gewöhnt, daß es bestimmte Lösungen für bestimmte Probleme gibt, und müssen jetzt erleben, daß diese Lösungen nicht mehr passen. Wir fühlen, daß wir den Boden unter den Füßen verlieren, wissen nicht, wie wir die neueste Fusionierung, Reorganisation, den Abbau an Personal und Kompetenzen oder auch das Gefühl persönlicher Desorientierung verkraften können. Die Geschichte kann aber auch als Parabel verstanden werden und uns wieder Hoffnung geben. Sie lehrt uns, unsere Verzweiflung als einen Schritt auf dem Weg zur Weisheit zu betrachten, hält uns dazu an, das ungewohnte Gefühl des Nichtwissens für den Augenblick zu akzeptieren und uns radikal neuen Ideen zu öffnen. Wenn wir diese Verwirrung auf uns nehmen, dann, so verspricht uns die Geschichte, wird sich vor uns eine neue Welt öffnen, und strahlend helle Erkenntnisse werden die bedrückenden Schatten unserer heutigen Unwissenheit vertreiben. Ich erzähle die Heisenberg-Geschichte immer noch gern, und sie macht mir stets wieder Mut.

Ich glaube, wir haben erst damit begonnen, die neuen organisatorischen Strukturen zu entdecken und zu entwickeln, die im nächsten Jahrhundert eine Rolle spielen werden. Als verantwortungsbewußte Forscher müssen wir allerdings den Mut aufbringen, uns von alten Vorstellungen zu lösen, müssen viel von dem aufgeben, was uns lieb und teuer war, müssen von unseren alten Interpretationen, warum etwas funktioniert oder auch nicht, Abstand nehmen. Albert Einstein wird häufig folgendermaßen zitiert: Kein Problem kann aus demselben Bewußtsein heraus gelöst werden, das es geschaffen hat. Wir müssen lernen, die Welt neu zu sehen.

In Zeiten von paradigmatischen Verschiebungen kann man in vielen Bereichen nach neuen Antworten suchen. Meine Untersuchungen führten mich erwartungsgemäß zu den Naturwissenschaften zurück, die mich schon als junges Mädchen interessiert hatten. Mit vierzehn wollte ich Weltraumbiologin werden und schleppte dicke Astronomiebücher in der New Yorker Untergrundbahn mit mir herum, mit der ich einmal wöchentlich zu einem Kurs im Hayden Planetarium fuhr. Die Bücher waren viel zu kompliziert, als daß ich sie hätte verstehen können, aber ich trug sie dennoch mit mir herum, weil sie so eindrucksvoll aussahen. Biologie lag mir mehr, und ich hatte zu Anfang meines Studiums fest vor, Biologin zu werden. Aber meine ersten Erfahrungen mit einer Chemievorlesung für Fortgeschrittene beendeten diesen Traum, und ich wandte mich den weniger exakten Sozialwissenschaften zu. Wie wohl viele andere Sozialwissenschaftler auch, denke ich wie ein Naturwissenschaftler und hoffe immer noch, daß die Welt mir ihre Geheimnisse in klaren, berechenbaren Formeln preisgibt.

Aber ich konzentriere mich auf die Naturwissenschaften nicht nur aus persönlichem Interesse. Jeder von uns lebt und arbeitet in Organisationen, die nach Newtons Vorstellungen vom Universum aufgebaut sind. Wir bewerkstelligen das, indem wir komplexere Systeme aufteilen, wir glauben, daß Einfluß als direkte Folge einer Kraft auftritt, die ein Mensch auf den anderen ausübt, wir machen komplizierte Pläne für eine Welt, die wir nach wie vor für kalkulierbar halten, und wir suchen ständig nach immer besseren Methoden, diese Welt objektiv zu erfassen. Diese als gegeben akzeptierten Vorstellungen stammen, wie ich in Kapitel 2 näher erläutern werde, aus der Physik des siebzehnten Jahrhunderts. Sie entsprechen Newtons Gesetzmäßigkeiten der Mechanik. Konstruktion und Verwaltung von Organisationen bauen sich heute noch auf diese Gesetze auf, die auch die Grundlage für sozialwissenschaftliche Untersuchungen bilden. Ob absichtlich oder nicht, unsere Arbeit fußt auf einer Sicht von der Welt, die den naturwissenschaftlichen Gesetzen des siebzehnten Jahrhunderts entspricht.

Aber die Wissenschaft hat sich verändert. Wenn wir naturwissenschaftliche Erkenntnisse weiterhin als Basis für die Gestaltung und das Management von Organisationen verwenden wollen, wenn wir daraus Hypothesen ableiten wollen, die etwas über Planung, ökonomisches Handeln, die menschliche Natur, Veränderungsprozesse und vieles andere mehr aussagen, dann sollten wir zumindest dafür die Physik unserer heutigen Zeit zur Grundlage nehmen. Wir müssen aufhören, die Geheimnisse des Universums mit den Mitteln des siebzehnten Jahrhunderts zu untersuchen, und sollten uns mit dem beschäftigen, was in unserem Jahrhundert an Erkenntnissen gewonnen wurde. Wir sollten die Grundlagen einer Organisation auch mit dem zu ergründen suchen, was wir heute über das Universum wissen.

Wir sind noch dabei, zu erfassen, was uns die Neue Wissenschaft lehren will, wir stehen eigentlich erst am Anfang. Aber ich hoffe, Ihnen vermitteln zu können, wie wunderbar es bereits ist, die ersten Ansätze dieser neuen Denkweise über die Welt und ihre Systeme zu erahnen. Das Licht ist vielleicht noch schwach, aber je weiter die Tür aufgestoßen wird, desto heller wird es um uns. Wissenschaftler beschreiben heute die natürlichen Phänomene klar und beinahe poetisch, und das sind Erkenntnisse, die sich auch auf Probleme anwenden lassen, die bei Organisationen auftauchen. Sie verwenden neue Bilder und Metaphern, die uns helfen, unsere eigenen Erfahrungen im Umgang mit Organisationen zu verstehen. Mit der Neuen Wissenschaft öffnet sich eine neue, wunderbare Welt, in der Wissenschaftler eine ebenso ehrfürchtige Begeisterung empfinden wie die ersten Entdecker, die einen neuen Kontinent erforschten. Hier herrscht eine neue Art von Freiheit, in der der Weg wichtiger ist als das Ziel, wo es mehr auf immer neue Fragen ankommt als auf die Antworten, wo es spannender ist zu suchen, als sich auf dem Gefundenen auszuruhen.

In den folgenden Kapiteln wird selten von Schlußfolgerungen die Rede sein, werden weder bestimmte Fälle dargelegt noch Beispiele von erfolgreichen Unternehmen gebracht. Und das aus zwei Gründen: Einmal glaube ich nicht mehr daran, daß man eine Organisation ändern kann, indem man ihr eine neue Form überstülpt, die woanders entwickelt wurde. Es läßt sich nur wenig von einer Situation auf die andere übertragen, und die, die innerhalb eines Unternehmens tatsächlich Veränderungen bewirken wollen, werden nur selten durch andere Beispiele inspiriert. Sehr viel wichtiger ist aber der zweite Grund. Die neue Physik erklärt überzeugend, daß es keine objektive Realität dort draußen gibt, deren Geheimnisse zu entdecken wären. Es gibt weder Patentrezepte noch Formeln, weder Vergleichslisten noch schlaue Ratschläge, die uns die objektive «Wirklichkeit» vermitteln können. Wirklich ist nur, was wir durch unser Engagement selbst und mit anderen aktiv schaffen. Nichts läßt sich übertragen; alles ist immer wieder für jeden neu und anders und einmalig.

Dieses Buch versucht, dieser neuen Sicht von Wirklich-

22

keit zu entsprechen, bei der Ideen und Informationen allein nicht ausreichend sind, um etwas Realität werden zu lassen. Ebenso wichtig ist es, daß Sie sich auf das kreative Potential einlassen und es aktiv umzusetzen versuchen. Ich möchte Sie mit Stoff zum Nachdenken konfrontieren, der Sie aufrütteln und fesseln soll, auch wenn mir klar ist, daß Ihre Ideen, Hoffnungen und Bemühungen nach dem Lesen dieser Seiten andere sein werden als meine. Es ist unwichtig, daß wir einer Meinung sind, wenn es sich um die Aussage eines Experten oder eine bombensichere Anwendungsmethode handelt. Darum geht es in unserem Universum nicht. Wir leben in einer subjektiven Welt, die durch unsere Interaktionen mit ihr erst ihre Gestalt erhält. Sie läßt sich nicht objektiv und für alle Zeiten definieren. Sie verändert sich ständig und ist unendlich viel interessanter, als wir es uns jemals vorstellen könnten.

Was dieses Buch lehren kann, hängt zwar allein vom einzelnen Leser ab. Aber seine Thesen haben mit grundsätzlichen Fragen zu tun, die diejenigen von uns immer wieder beschäftigen, die in oder für große Unternehmen arbeiten:

Wodurch entsteht Ordnung?

Wie können wir eine Form der Zusammenarbeit innerhalb des Unternehmens schaffen, deren Arbeitsergebnisse dem vorgegebenen Ziel entsprechen?

Wie können wir Strukturen aufbauen, die flexibel auf Veränderungen reagieren, ja deren Anpassungsfähigkeit unbegrenzt ist, so daß die Vielfalt der Möglichkeiten nur erweitert, nie aber eingeschränkt wird?

Wie können wir etwas vereinfachen und dabei weder die Übersicht noch die Möglichkeit der Differenzierung verlieren?

Wie kann man Bedürfnisse des einzelnen nach Freiheit und Selbständigkeit mit denen des Unternehmens nach Verläßlichkeit und Kontrolle vereinbaren?

Die Forschungen der Neuen Wissenschaft, auf die ich mich hier beziehe, stammen aus dem Bereich der Physik, der Biologie und

Chemie und haben außerdem mit der Evolutionslehre und der Chaostheorie zu tun. In jedem Kapitel werden metaphorische Verbindungen zwischen gewissen wissenschaftlichen Perspektiven und organisatorischen Phänomenen untersucht. Vielleicht ist es aber sinnvoll, erst etwas ganz allgemein über die Richtung auszusagen, in die die Neue Wissenschaft führt.

Wissenschaftler der verschiedenen Disziplinen fragen sich heute, ob wir die Welt ausreichend mit dem Modell einer komplizierten Maschine erklären können, das im siebzehnten Jahrhundert, hauptsächlich von Sir Isaac Newton, aufgestellt wurde. Bei diesem Modell kommt es nur darauf an, daß man die Einzelteile versteht. Dinge können auseinandergenommen werden, werden entweder buchstäblich seziert oder auch im übertragenen Sinne «zerlegt», etwa bei Wirtschaftsfunktionen und akademischen Disziplinen. Wichtig ist, daß die Einzelteile ohne nennenswerte Verluste wieder zusammengesetzt werden können. Dieses Modell sieht vor, daß der, der die Funktion der Bausteine versteht, auch das Ganze begreift. Newtons Weltmodell baut auf materialistischen und reduktionistischen Vorstellungen auf, denen die Gegenstände wichtiger sind als ihre Beziehungen zueinander. Es kommt allein darauf an, ebendiese elementaren Bausteine der Materie zu finden.

Der Neuen Wissenschaft liegen Strömungen zugrunde, die auf ein mehr holistisches Weltbild deuten, auf ein Verständnis des Systems als System, das die Newtonschen Vorstellungen umkehrt, also den Beziehungen zwischen den anscheinend separaten Teilen die Priorität einräumt. Donella Meadows, die sich mit Systemen beschäftigt, zitiert einen alten Sufi-Lehrsatz, der diese Verschiebung der Prioritäten zutreffend ausdrückt:

«Du glaubst, daß du zwei verstehen mußt, nur weil du eins verstehst, denn eins und eins ergeben zwei. Aber du mußt ebenfalls *und* verstehen.» (1982, 23) Wenn wir Systeme von dieser Perspektive aus betrachten, eröffnet sich uns der ganz neue Bereich der Beziehung zwischen den Dingen, lernen wir Phänomene kennen, die sich nicht auf Ursache und Wirkung reduzieren lassen, begreifen wir den konstanten Fluß dynamischer Prozesse.

Wissenschaftliche Vorstöße in die subatomare Welt gibt es schon seit Beginn dieses Jahrhunderts, und sie führten zu den Dissonanzen, die in Heisenbergs Geschichte beschrieben wurden. In der Physik hat also die Suche nach radikal neuen Denkmodellen eine lange und einigermaßen ungewöhnliche Tradition. Ungewöhnlich vor allem wegen der Art und Weise, in der viele der wichtigen Entdeckungen in der Quantenmechanik gemacht wurden. «Eine zufällig richtige Vermutung, die sich auf unsicheren Argumenten und absurden Ad-hoc-Annahmen aufbaut, ergibt eine Formel, die sich als richtig herausstellt, obgleich anfangs kein Mensch erkennen kann, warum um alles in der Welt es so sein sollte.» (March 1978, 3) Mir gefällt diese Charakterisierung von wissenschaftlichen Prozessen. Sie gibt mir Hoffnung, daß Entdeckungen vielleicht auf eine neue Weise anzugehen sind, anders als nach dem methodischen Rezept «Stein auf Stein», anders als mit der linearen Arbeitsmethode, die für die Schwerfälligkeit der meisten sozialwissenschaftlichen Untersuchungen verantwortlich ist.

Die quantenmechanische Sicht von der Wirklichkeit widerspricht allem, was wir bisher für Realität gehalten haben. Selbst für Wissenschaftler ist sie einigermaßen bizarr. Aber nach dieser neuen Sichtweise sind es die *Beziehungen zueinander*, die zu beobachten sind und durch die sich die Teilchen manifestieren. Teilchen können nur im Zusammenhang mit etwas anderem entstehen und beobachtet werden. Sie können nicht einzeln und unabhängig voneinander existieren. Die Quantenphysik malt uns ein merkwürdiges, aber faszinierendes Bild der Welt, das, wie Heisenberg es ausdrückte, «erscheint wie ein kompliziertes Gewebe aus Ereignissen, bei dem Verbindungen verschiedenster Art alternierend entstehen, sich miteinander verflechten, einander überlappen und so die Struktur des Ganzen bestimmen». (1958, 107) Diese unsichtbaren *Verbindungen* zwischen dem, was man bisher als separate Einheiten betrach-

25

tete, sind die fundamentalen Bausteine der gesamten Schöpfung.

In anderen wissenschaftlichen Bereichen, vor allen Dingen der Biologie, wurden nichtmechanistische Modelle erst sehr viel später angewandt. Gerade noch, wenn auch nur von wenigen, akzeptiert (obwohl die Zahl der Anhänger allmählich größer wird), sind Theorien wie die «Gaia-Hypothese», die die Erde als lebenden Organismus betrachtet, der aktiv die Bedingungen schafft, die Leben ermöglichen. Dazu gehört auch Rupert Sheldrakes Theorie der morphogenetischen Felder, nach der das spezifisch Prägende einer Art in unsichtbaren Strukturen enthalten ist, die das Verhalten des einzelnen beeinflussen. Sheldrake ist der Meinung, daß manche unserer Fähigkeiten nicht von dem Individuum erlernt wurden, sondern aus einer Art Wissenspool stammen, der sich im Verlauf der Menschheitsgeschichte gebildet hat, einem Reservoir, zu dem wir Zugang haben. Ganze Populationen einer bestimmten Art können ihr Verhalten verändern, nicht weil jeder einzelne sich die Zeit genommen hat, dieses neue Verhalten zu erlernen, sondern weil ihr spezifischer Wissenspool eine Veränderung erfahren hat.

Es fanden und finden so viele fundamentale Umformulierungen maßgebender Theorien in den Bereichen Evolution, Ethologie, Ökologie und Neurobiologie statt, daß Ernst Mayr, ein bedeutender Chronist biologischer Gedankengänge, 1982 meinte: «Es ist deutlich geworden, daß wir eine neue Philosophie der Biologie brauchen» (1982, 73).

Ilya Prigogine erhielt 1977 den Nobelpreis für Chemie. Er hatte gezeigt, daß bestimmte chemische Systeme (dissipative Strukturen) fähig waren, sich in Richtung Selbst-Organisation zu entwickeln, wenn es von ihrer Umgebung verlangt wurde. In den älteren, mechanistischen Modellen natürlicher Phänomene galten Fluktuationen und Störungen immer als Zeichen von Schwierigkeiten. Unterbrechungen würden den Abbau des Systems, der sowieso unvermeidlich war, nur noch beschleunigen. Die dissipativen Strukturen aber, mit denen sich Prigogine beschäftigte, zeigten die Fähigkeit lebender Systeme, auf Un-Ordnung (Ungleichgewicht) mit neuem Leben zu reagieren. Un-Ordnung kann auf entscheidende Weise an dem Entstehen von neuen, höheren Ordnungsformen beteiligt sein. Wir müssen also unsere Maschinen-Modelle zur Seite legen und uns gründlicher mit der Dynamik lebender Systeme beschäftigen. Erst dann werden wir zu einem neuen Verständnis von Fluktuation, Unordnung und Veränderung kommen.

Auch die Chaostheorie verlangt ein neues Verständnis von Wechsel und Unordnung. Je mehr man sich mit diesem Gebiet beschäftigt, das allmählich für immer mehr Forschungszweige wichtig ist, desto besser kann man die Beziehung zwischen Ordnung und Chaos verstehen. Heute begreift man beide Kräfte als spiegelbildlich zueinander, wobei die eine in der anderen enthalten ist. Dabei findet ein kontinuierlicher Prozeß statt, in dem es vorkommen kann, daß ein System plötzlich nur noch chaotisch und planlos agiert und dennoch selbst in diesem Zustand sich an Parameter hält, die geordnet und vorhersagbar sind.

Die neue Wissenschaft macht uns auch bewußt, daß wir mit anderen natürlichen Systemen den Wunsch nach Klarheit und Einfachheit teilen. Forscher haben festgestellt, daß Ordnung, Konformität und Form in vielen Systemen nicht durch komplexe Kontrollen geschaffen und aufrechterhalten werden, sondern durch einige wenige Leitsätze oder Prinzipien. Überleben und Wachstum von Systemen, die so groß wie ein ausgedehntes Ökosystem und so klein wie ein winziges Blatt sein können, werden durch eine Kombination von grundsätzlichen Mustern oder Leitprinzipien möglich gemacht, die die Gesamtidentität des Systems ausdrücken und dem einzelnen Bestandteil dennoch einen hohen Grad an Selbständigkeit garantieren.

Die Weltsicht der Neuen Wissenschaft verändert unsere Überzeugungen und Vorstellungen auf vielen Gebieten, nicht nur in den Naturwissenschaften. Ich merke, wie die neuen Ideen selbst in meinem eigenen Arbeitsgebiet, der Theorie des Managements, an Einfluß gewinnen. Das kann man zum Beispiel an den Problemen erkennen, die uns in Organisationen heutzutage am meisten zu schaffen machen, oder genauer an dem, was wir als Problem definieren. So etwas wie Führungsqualität, ein amorphes Phänomen, das uns fasziniert hat, seit Menschen sich mit Organisationen befaßten, wird heute mehr in Richtung von Fähigkeiten definiert, Beziehungen und Verbindungen zu knüpfen und aufrechtzuerhalten. Immer mehr Untersuchungen beschäftigen sich mit dem Zusammenhalt innerhalb eines Unternehmens, dem Selbstgefühl der Mitarbeiter und der Öffnung der Führungsebene für jeden. Ethische und moralische Fragen werden nicht mehr verschwommenen religiösen Vorstellungen zugerechnet, sondern sind wichtig im Umgang mit unseren Mitarbeitern, Lieferanten und Aktionären. Wenn sogar die Physik unseres Universums die überragende Bedeutung von Bindungen aufzeigt, sollten wir uns nicht wundern, wenn unsere Vorstellungen von Management sich verändern und wenn den Beziehungen der Menschen zueinander eine zunehmende Priorität eingeräumt wird.

Auch auf dem Gebiet der Motivationstheorie tut sich allerlei. Wir stellen fest, daß äußere Belohnungen weniger motivieren als eine Befriedigung durch die Arbeit selbst. Wir besinnen uns wieder darauf, wie sehr uns Werte wie Gemeinschaft, Sinn, Würde und Zuneigung auch in unserem beruflichen Leben wichtig sind. Wer sich heute mit Managementtheorie beschäftigt, kann die starken Gefühle nicht vernachlässigen, die zum Menschsein dazugehören. Heute teilt man sie nicht mehr in passend und unpassend ein, zum Beispiel: Zuneigung hat ihren Platz im Privatleben, Disziplin den ihren im Arbeitsleben, und man lehnt heute auch die frühere Einstellung ab, Mitarbeitern nur sehr eingeschränkte Tätigkeitsbereiche zuzuweisen, wie Rädchen in einer großen Produktionsmaschinerie. Wenn wir von dem Modell der Arbeit als einer gutgeölten Maschine Abstand nehmen, treten wir in Gedanken einen Schritt zurück und betrachten uns und unsere Mitmenschen auf eine neue Weise. Wir

28

fangen an, uns als ganzen Menschen zu schätzen und Organisationsstrukturen zu entwerfen, die den einzelnen in seiner Ganzheit akzeptieren und einsetzen.

Organisationen müssen sich immer wieder mit den Auswirkungen von visionären Zielen, Wertvorstellungen und kulturellen Erwartungen befassen. Die Vitalität einer Organisation hängt von dieser Bereitschaft ab, selbst wenn wir noch nicht recht definieren können, warum diese Faktoren so entscheidend sind. Heute beginnen wir zu verstehen, daß ein kontinuierlich verläßliches Verhalten häufig durch unsichtbare Kräfte hervorgerufen wird. Heute beschäftigen sich viele Wissenschaftler mit dem Konzept der Felder, also unsichtbaren Kräften, die den Raum und auch das Verhalten strukturieren. Ich verstehe organisatorische Visionen als Kraftfeld unsichtbarer Bindungen, das das Verhalten der Arbeitnehmer beeinflußt, und nicht mehr nur als evokative Botschaft über den erwünschten zukünftigen Zustand des Unternehmens. Ich glaube, daß ich anhand der Feldtheorie besser erklären kann, warum Visionen so notwendig sind und was man tun kann, um ihren Einfluß zu stärken.

Unser heutiges Organisationskonzept hat immer weniger mit den mechanistischen Gebilden zu tun, die im Zeitalter der Bürokratie so wunderbar gediehen. Heute sprechen wir mit mehr Nachdruck von fließenden, organischen Strukturen, ja selbst von Organisationen ohne Grenzen. Wir beginnen Organisationen als Systeme zu betrachten, die «lernfähig» sind, und trauen ihnen gewisse sich-selbst-erneuernde Fähigkeiten zu. Hier handelt es sich um erste, zögernde Versuche eines neuen Organisationsverständnisses. Aus eigener Erfahrung kann ich sagen, daß wir keineswegs verzweifeln sollten, wenn in Unternehmen Veränderungen, Chaos, Überbelastung durch zuviel Information und immer wiederkehrendes Fehlverhalten auftreten. Statt dessen sollten wir uns klarmachen, daß Organisationen so etwas wie bewußte Wesenheiten sind, die viele der Eigenschaften eines lebendigen Systems besitzen.

Mancher hält es für gefährlich, mit der Wissenschaft zu «spielen» und ihre Metaphern zu abstrahieren, da sie dann möglicherweise ihre Anbindung an die festen naturwissenschaftlichen Theorien verlieren könnten, die sie erst hervorgebracht haben. Andere wiederum würden dagegenhalten, daß die gesamte Naturwissenschaft eigentlich als Metapher betrachtet werden kann – als vielversprechende Beschreibung dessen, was Wirklichkeit bedeutet, eine Wirklichkeit, die wir niemals genau kennen werden. Ich teile die Meinung des Physikers Frank Oppenheimer, der sagte: «Wenn man sich eine neue Denkweise zu eigen macht, warum sollte man sie nicht auf alles anwenden, was einem in den Sinn kommt? Es macht nicht nur Spaß, sondern es bringt oft weiter und kann zu neuen, wichtigen Einsichten verhelfen» (in Cole 1985, 2).

ERSTES KAPITEL

Die Entdeckung einer geordneten Welt

«Irgendwann fängt man an zu hoffen,
daß die Natur eine Ordnung besitzt,
die man vielleicht versuchen kann zu begreifen.»
C. N. Yang

Der Aufstieg bis hier oben hin hatte eine ganze Zeit ge-
dauert, vierzehn Kilometer sind wir auf einem steinigen Pfad
allmählich immer höher gestiegen. Mein Pferd hat gerade erst
gelernt, Lasten zu tragen, und stellt sich noch nicht besonders
geschickt dabei an. Mir tut der Rücken weh, meine Fersen sind
wund und die Zehen gequetscht, weil mein treues Tier mir aus
Versehen auf den Fuß getreten ist. Aber ich bereue die Anstrengung nicht. Vor mir liegen die Rocky Mountains in ihrer weltbe-
kannten Schönheit. Der Bach, in dem ich meine wunden Füße
kühle, plätschert glitzernd durch eine Wiese, deren Gras sich im
Wind neigt. Wir sind von Nadelbäumen umgeben, Habichte
kreisen über uns, und am fernen Wiesenrand versucht eine Elchkuh sich hinter einem zehn Zentimeter dicken Bäumchen zu
verstecken. Wir lachen, weil der dünne Stamm kaum einen Teil
ihres Kopfes verdeckt, aber wir könnten alle daraus lernen.

Monatelang habe ich mich mit Prozeß-Strukturen beschäftigt, mit Dingen, die ihre Form über einen Zeitraum beibehalten, obgleich sie keine starre Struktur besitzen. Der Bach, der
meine Füße umspült, ist der lieblichste, den ich je gesehen habe.
Und da ich gerade Ferien mache, weigere ich mich anfangs, zu
intensiv über diesen Bach nachzudenken. Je länger ich aber in
das klare Wasser starre, desto deutlicher steigen bestimmte Metaphern an die Oberfläche meines Bewußtseins.

31

Schließlich kann ich die Frage nicht länger unterdrük-
ken: Was kann der Bach mich über Organisationen lehren? Ich
bin von der Vielfalt da vor mir fasziniert, von dem sich dauernd
ändernden Zusammenspiel von Schlamm, Sand, Gras, Wasser
und Steinen. Dieser Bach hat eine beachtliche Fähigkeit, sich
anzupassen, die Anordnung der einzelnen Bestandteile zu ver-
schieben, ihren Einfluß aufeinander anders zu gewichten und
neue Strukturen zu bilden. Was aber diese Anpassungsfähigkeit
bewirkt, wodurch dieser Ausgleich der Kräfte stattfindet, ist
meiner Meinung nach das Bedürfnis des Wassers zu fließen.
Wasser unterliegt der Schwerkraft, es muß abwärts fließen, muß
dem Ruf des Ozeans folgen. Es verändert die Form, aber seine
Aufgabe bleibt bestehen. Strukturen werden deutlich, stellen
sich aber als temporär heraus, ermöglichen etwas und stören den
Gesamtvorgang nicht. Eines gibt es hier nicht, dieses rigide Bestehen auf festen Formen, auf wahren Antworten, auf festgeleg-
ten Vorgehensweisen, wie ich sie aus der Wirtschaft kenne. Wasser kennt nicht nur einen Weg, mit Gestein umzugehen; sonst
gäbe es keinen Grand Canyon, oder es gäbe überall Grand Canyons. Der Colorado hat Wege gefunden voranzukommen, auch
ohne sich als mächtiger Fluß immer nur weiter auszudehnen.

Organisationen fehlt dieses Vertrauen, die Überzeugung
nämlich, daß sie ihr Ziel auf verschiedene Weisen erreichen können und sie am besten lediglich Richtung und Absicht vorgeben
und zulassen, daß auf dem Weg zum Ziel auch manches entstehen und wieder vergehen kann. Wir scheinen auf festgefügte
Strukturen fixiert zu sein, weil wir der Meinung sind, daß nur
dadurch die dunklen Mächte zurückgehalten werden können,
die uns zerstören wollen. Eine feindliche Welt da draußen be-
droht uns, und wir und die von uns errichteten Organisationen
können nur überleben, weil wir geschickte und schlaue Baumei-
ster sind, schlau genug, um uns gegen die natürlichen Mächte
der Zerstörung zu schützen. Bäche und Flüsse haben ein anderes
Verhältnis zu den Kräften der Natur. Sie wissen mit sprudelnder
Klarheit, daß ihre Sehnsucht, sich mit dem Ozean zu vereinen,

erfüllt werden wird und daß die Natur nicht nur die Aufgabe stellt, sondern auch die Lösung kennt. Ich bin mit vielen Unternehmen vertraut, die eindrucksvollen Festungen gleichen. Innerhalb ihrer Mauern herrscht die Sprache von Kampf und Verteidigung: da werden «persönlich / vertraulich!» Memos versandt, Personalakten streng bewacht, Aktionen erdacht, Feldzüge, Gefechte, Kämpfe und Revierstreitigkeiten strategisch geplant und ausgeführt. Hier geht es im wesentlichen um Angriff und Verteidigung. Manche Unternehmen haben ihre Verteidigungsstrategien so genau festgelegt, daß davon sogar die Arbeitnehmer betroffen sind, die dann mit Richtlinien, Vorschriften, Zeituhren, Regeln und Anweisungen in Schach gehalten werden. Ich hatte mit einem Unternehmen beruflich zu tun, das seine neuen Angestellten mit einer Auflistung von 27 Entlassungsgründen «begrüßte» und darüber hinaus noch mit weiteren drohte.

In einigen Unternehmen sind die Hierarchien sehr deutlich ausgeprägt, und die Mitarbeiter werden dazu angehalten, mit niemandem außerhalb der eigenen Abteilung zu sprechen. In den meisten Unternehmen ist vorgeschrieben, wen man fragen, wem man Ratschläge geben und wen man kritisieren darf. Wir haben Angst vor den Folgen, wenn in unserem Unternehmen frei miteinander kommuniziert werden dürfte. Wir fürchten, daß dann alles zusammenbricht.

Das Bedürfnis, die Welt mit allen Mitteln zusammenzuhalten, die Angst vor Instabilität sind sehr weit verbreitet. Dieses Phänomen hatte mich schon lange beschäftigt, bevor ich an meinem klaren Bergbach saß, der mich soviel lehren konnte. Etwas, was es überall gibt, muß aber doch von irgendwoher kommen. Aber woher? Die Ursache liegt meiner Meinung nach in unserem ungenauen Verständnis bestimmter Konzepte, die auf naturwissenschaftlichen Erkenntnissen des siebzehnten Jahrhunderts aufbauen. Vor drei Jahrhunderten galt die Welt als präzise Maschine, die von Gott in Bewegung gesetzt worden war. Sie glich einem geschlossenen System, das von einem väterlichen Uhrmacher konstruiert und dann sich selbst überlassen war. Und damit drang das Konzept der Entropie in unser kollektives Bewußtsein ein. Denn Uhrwerke nutzen sich ab und bewegen sich eines Tages nicht mehr. Von dem irischen Dichter William Butler Yeats (1865–1939) stammen die Verse: «Things fall apart; the centre cannot hold, mere anarchy is loosed upon the world.» Wir glauben, uns nicht mehr darauf verlassen zu können, daß das Universum aus sich heraus funktionieren, wachsen und sich erneuern könne. Wenn wir einen Fortschritt erzielen wollen, so meinen wir, müssen wir Energie hineinstecken, Kraft aufbringen, um den Zerfall aufzuhalten und umzukehren. Mit reiner Willenskraft, denn wir sind schließlich das denkende Bewußtsein unseres Planeten, werden wir dafür sorgen, daß die Welt zusammenhält. Wir werden dem Tod Widerstand leisten.

Was für eine fürchterliche Last haben wir uns damit aufgebürdet! Dagegen hat der Titan Atlas es direkt leicht gehabt. Es wird Zeit, daß wir uns eines Besseren besinnen. Es wird Zeit, daß wir die Last der Welt von unseren Schultern nehmen, sie vorsichtig niederlegen und einen einfacheren Weg suchen. Wir können nicht nur von klaren Bergbächen lernen, Lehrmeister finden sich überall. Aber eine Frage ist vor allem wichtig: Wenn *wir* uns nicht mehr um Ordnung im Universum bemühen, wer dann?

Es ist meine feste Überzeugung, daß überall in der Natur Beispiele für Ordnung und geordnete Prozesse zu finden sind. Obgleich wir immer wieder erfahren, daß Fluktuationen und Veränderungen unsere Pläne durchkreuzen, können wir feststellen, daß die Welt von Natur aus geordnet ist. Fluktuationen und Veränderungen sind Teil des Prozesses, der die Ordnung schafft.

Ein Beispiel dafür ist das Konzept der Autopoiese (aus dem Griechischen: Selbsterschaffung), das «Charakteristikum lebender Systeme, sich dauernd zu erneuern und diesen Erneuerungsprozeß so zu regulieren, daß die Integrität ihrer Struktur bewahrt bleibt» (Jantsch 1980, 7). Autopoiese bezeichnet natürliche Prozesse, die die Strukturierung, Weiterentwicklung, Erneuerung und Integrität fördern. Diese Definition trifft nicht nur auf einen ganz bestimmten Typus von Organismus zu, sondern beschreibt Leben an sich. Jedes lebende Wesen verbraucht Energie und wird alles tun, um sich selbst zu erhalten, auch wenn es sich dafür verändern muß. Jedes lebende Wesen existiert als eine bestimmte Form und ist als solche erkennbar. Aber, wie der Systemforscher Erich Jantsch schreibt, innerhalb dieses «global stabilen Zustands» verändert sich ein lebendes System andauernd. Es ist ein «niemals ruhendes Gebilde», das ständig nach Selbsterneuerung strebt (1980, 10).

Autopoietische Strukturen sind in vielerlei Hinsicht aufschlußreich. Sie verdeutlichen ein wichtiges Paradox: Jedes Gebilde hat eine einmalige Identität, hat seine klaren Grenzen, ist aber dennoch mit seiner Umgebung verschmolzen. Zu jedem Zeitpunkt seiner Entwicklung ist das Gebilde als solches erkennbar, und doch ist diese Entwicklung mit der Entwicklung seines weiteren Umfeldes und mit anderen autopoietischen Strukturen eng verknüpft (Briggs und Peat 1989, 154). Bei uns selbst und bei allen lebenden Einheiten können wir Begrenzungen beobachten, die uns vor der unendlichen Komplexität der Außenwelt schützen, aber auch gleichzeitig Kontakt mit ihr halten. Autopoiese spricht also von einer andern Art von Universum, nicht von der zerbrechlichen, zersplitternden Welt, die wir verzweifelt zusammenzuhalten versuchen, sondern von einem Universum, in dem Wachstum, Zusammenhalt, Individualität und Gemeinschaft in vielfältigen Prozessen gefördert werden.

«Dissipative Strukturen» in der Chemie sind ebenfalls Beispiele für die widersprüchliche Wahrheit, daß Unordnung die Ursache einer neuen Ordnung sein kann. Der Begriff stammt von Ilya Prigogine, der damit auf den inhärenten Widerspruch aufmerksam machen wollte (1980). Dissipation beschreibt im Grunde einen Verlust, einen Prozeß, bei dem Energie allmählich verlorengeht. Prigogine entdeckte jedoch, daß gerade diese dissipative Aktivität eine konstruktive Rolle bei der Entstehung von neuen Strukturen spielen konnte. Dissipation führte also nicht zum Ende eines Systems, sondern war Teil eines Prozesses, in dem das System sich von seiner gegenwärtigen Form löste, um in neuer Gestalt wieder zu erscheinen, die den derzeitigen Forderungen der Umwelt besser angepaßt war.

Prigogines Arbeit hat dazu beigetragen, einen Widerspruch westlicher Naturwissenschaft zu erklären: Wenn Entropie die Regel ist, warum blüht das Leben? Warum entwickeln sich die lebenden Systeme in Richtung Fortschritt und Vielfalt und nicht in Richtung Verfall und Auflösung?

Bei dissipativen Strukturen spielen Umweltfaktoren, die das Gleichgewicht des Systems stören, eine entscheidende Rolle, um neue Ordnungsformen hervorzubringen. Dadurch, daß die Umwelt komplexer wird und neue, andersartige Informationen schafft, fordert sie das System zu einer Reaktion heraus. Neue Informationen dringen in das System ein, anfangs nur als geringe Abweichung von der Norm. Wenn das System auf diese Fluktuation reagiert, gewinnt die Information an Gewicht, interagiert also mit dem System (der Prozeß der Autokatalyse). Schließlich stellt die neue Information einen so großen Störfaktor dar, daß das System in seiner alten Form nicht mehr bestehen kann. Es ist dermaßen aus dem Gleichgewicht gebracht, daß es in seiner derzeitigen Gestalt auseinanderfällt. Dieser Zerfall bedeutet aber nicht das Ende des Systems. In den meisten Fällen kann es sich auf einem höheren Niveau von Komplexität neu strukturieren und so der veränderten Umwelt besser gerecht werden.

Dissipative Strukturen machen deutlich, daß *Unordnung* eine Ursache für *Ordnung* sein kann und daß Wachstum sich eher in einem gestörten Gleichgewicht entfaltet als in der Ausgewogenheit. Das, was wir im allgemeinen am meisten in Organisationen fürchten, nämlich Fluktuation, Störungen und Unausgewogenheit, muß nicht unbedingt ein Zeichen dafür sein, daß die Situation sich verschlechtert. Eher kann man Bewegung ganz allgemein als Quelle der Kreativität bezeichnen. Wissenschaftler, die sich mit dieser neuen Weltsicht beschäftigen, bezeichnen den Zusammenhang zwischen Unordnung und Ordnung als «Ordnung aus dem Chaos» oder «Ordnung durch Fluktuation» (Prigogine 1984). Es handelt sich hier um neue Prinzipien, die die Dynamik zwischen Chaos und Kreativität, zwischen Zerrissenheit und Weiterentwicklung hervorheben.

Die Lehre der Quantentheorie vergrößert noch das Paradox bei unserer Suche nach Ordnung. Ausgehend von der Quantentheorie müssen wir eine Welt akzeptieren, in der Veränderungen in «Sprüngen» geschehen, die wir nicht präzise vorhersagen können. In dieser Welt wird auch unser Glauben an eine objektive Meßbarkeit erschüttert, denn auf der subatomaren Ebene kann nichts gemessen werden, ohne daß man das zu Messende verändert oder, was noch wichtiger ist, an seiner Entstehung mitbeteiligt ist. Die merkwürdigen Eigenschaften der Quantenwelt, die unseren Glauben an Determinismus, Vorhersagbarkeit und Kontrolle erschüttern können, lassen unsere Hoffnungen auf ein geordnetes Universum schwinden. Aber unsere Unfähigkeit, einzelne Geschehen auf der Quantenebene vorherzusagen, ist nicht die Folge einer Unordnung an sich. Statt dessen lassen die neuen Forschungen auf einen Grad von Quanten-Verknüpfung, auf eine alles umfassende Ordnung schließen, die wir erst ganz langsam zu erahnen beginnen. Es handelt sich dabei um ein ständiges Miteinander und Ineinander von Beziehungen, von Energien, die sich treffen und sich verändern, von unaufhörlich fließenden Bewegungen in einem fugenlosen Material. Die Ordnung ist so umfassend, daß unser Bemühen, winzige Details separat zu betrachten, eine scheinbare Unordnung hervorruft.

Wir haben sogar Ordnung in etwas gefunden, was man bisher für den Inbegriff der vollkommenen Unordnung hielt: im Chaos. Die Chaostheorie hat Bilder «seltsamer Attraktoren» möglich gemacht, Computerbilder spiralförmiger, wirbelnder Bewegungen, die die Entwicklung eines Systems aufzeichnen. Ein System wird dann als chaotisch definiert, wenn nicht vorhergesagt werden kann, wo es sich in naher Zukunft befinden wird, weil es nie zweimal an derselben Stelle erscheinen wird. Die Chaostheorie zeigt uns jedoch, daß das System letzten Endes immer eine inhärente Ordnung aufweist, wenn wir es nur lange genug beobachten und die zeitliche Perspektive berücksichtigen. Selbst das chaotischste aller Systeme hält sich an gewisse Grenzen; es bleibt innerhalb einer Form erhalten, die wir als seltsamen Attraktor ebendieses Systems erkennen können (siehe die Abbildungen auf Bildtafel 8 und auf Seite 145). Im gesamten Universum ist also Ordnung innerhalb von Unordnung und Unordnung innerhalb von Ordnung enthalten. Wir haben bisher immer geglaubt, daß Un-Ordnung sich als Fehlen eines wahren Ordnungszustandes definiert. Aber ist das Chaos nur eine Unregelmäßigkeit, oder besteht statt dessen Ordnung nur als kurzer Moment, den man der Unordnung abringt? Lineares Denken läßt uns die Dinge nur getrennt betrachten: Eins muß das Normale sein, das andere das Außergewöhnliche. Und doch kann man diesen Tanz von Chaos und Ordnung, von Veränderung und Stabilität als zwei einander ergänzende Aspekte im Wachstumsprozeß sehen, von denen keiner Priorität hat. Ein Systemforscher beschreibt es so:

«Nach heutigen Erkenntnissen ist ein System anscheinend ein Satz kohärenter, evolvierender, interaktiver Prozesse, die sich vorübergehend in global stabilen Strukturen manifestieren, die nichts mit dem Gleichgewicht und der Solidität technologischer Strukturen zu tun haben. Raupe und Schmetterling sind zum Beispiel zwei vorübergehend stabilisierte Strukturen in der kohärenten Evolution ein und desselben Systems.» (Jantsch, 1980, 6)

Wir haben uns zwar immer nach Ordnung in Organisationen gesehnt, haben aber niemals verstanden, was damit wirklich gemeint war. Wir haben darauf geachtet, daß Ordnung in den Strukturen vorhanden war, die wir errichtet haben, gleichgültig, ob es sich dabei um modernste Spiegelglasgebäude handelte oder um erste Pläne, die auf Papierservietten entworfen wurden. Die Errichtung dieser Strukturen verlangte so viel Zeit, so viel Kreativität und so viel Konzentration, daß unser Wunsch, sie mögen von Dauer sein, verständlich ist. Es ist schwierig, bei unserer Suche nach Ordnung ausgerechnet Unordnung als vollwertigen Partner anzuerkennen, einen Faktor, den wir doch bisher mit so viel Mühe aus unserem Leben zu verbannen versucht haben. Ich betrachte es als lohnende Herausforderung, mich in diesem Neuland zurechtzufinden, in dem feste Grenzen fehlen, in dem Strukturen gebildet werden und sich wieder auflösen und man sich weniger nach starren Normen und Leistungsvorgaben eines Unternehmens orientiert als nach Richtlinien, die sich auf Grund von umfassenden, natürlichen Wachstums- und Erneuerungsprozessen herausbilden. An diese neue Welt kann man sich nicht leicht gewöhnen, an dieses Konzept läßt sich nicht so leicht glauben, außer man erkennt, daß die Nachweise für eine solche Welt bereits um uns herum existieren. Die meisten von uns haben schon mit Systemen zu tun gehabt, die sich im Wechselspiel mit der Umgebung auf natürliche Weise immer wieder erneuern.

Ich habe solche Erfahrungen vor allen Dingen als Mitglied besonders erfolgreicher Teams gemacht. In unserem Bestreben, bestimmte Aufgaben zu erledigen, wurde es sehr schnell gleichgültig, welche Stellung man innerhalb des Teams innehatte, wurde die feste Einteilung in zugeteilte Arbeitsvorgänge und Pflichten so häufig aufgelöst oder übergangen, daß die Grenzen zwischen organisatorischer Struktur und der eigentlichen Aufgabe aufgehoben waren. Ähnliches verstehen wir unter informeller Führung, nämlich die Fähigkeit eines Unternehmens, jeweils die Art von Leitung zu schaffen, die die Umstände gerade verlangen. Vielleicht wird Menschen, die eine solche Führung übernehmen, die offizielle Anerkennung durch Titel oder Beförderungen vorenthalten, da die hierarchischen Strukturen unserer Unternehmen noch wenig flexibel sind, aber dort, wo es darauf ankommt, wird man wissen, wer die Führung übernommen und daß er oder sie sich gerade zur richtigen Zeit eingesetzt hat. Max De Pree, Geschäftsführer der für ihre Designkunst berühmten Herman Miller Furniture Company, spricht von einer «fließenden Führung, von Menschen in unserem Leben, die nicht zu ersetzen und immer für uns da sind, wenn wir sie brauchen» (1989, 41–42). Sie heben sich aus der Gruppe heraus, nicht weil sie sich in den Vordergrund spielen, sondern weil das, was sie sagen oder tun, sinnvoll ist, weil dadurch die Gruppe als Ganzes vorankommt und die einzelnen Mitglieder sich weiterentwickeln können.

Jahrelang haben wir uns das Leben in Unternehmen schwergemacht, weil wir Ordnung mit Reglementierung verwechselt haben. Das ist nicht weiter verwunderlich, da Management stets über seine Kontrollfunktionen definiert wurde. Schon Lenin soll gesagt haben: «Freiheit ist gut, aber Kontrolle ist besser.» Allerdings hat unser wie auch Lenins Bemühen um Kontrolle zerstörerische Folgen gehabt.

Wenn Organisationen Maschinen wären, dann wäre Kontrolle sinnvoll. Wenn Organisationen aber auf dynamischen Prozessen beruhen, dann ist es Selbstmord, durch eine zementierte Strukturierung eine Kontrolle erzwingen zu wollen. Wenn wir glauben, daß verantwortliches Handeln darin besteht, Kontrolle auszuüben, indem man sich überall einmischt, dann können wir uns nicht wundern, wenn sich an der Situation nichts ändert. So werden wir aus der Tretmühle von ewigem Bemühen und lebensgefährlichem Streß nicht herausfinden.

Und wenn wir uns in unserem Bemühen um eine sinnvolle, erfolgreiche Organisation weniger mit Kontrolle und mehr mit echter Ordnung beschäftigten? Wir können Ordnungsprinzipien dort finden, wo wir bisher nie danach gesucht haben, nämlich überall um uns herum in den lebenden dynamischen Systemen der Natur, die wegen der Anforderungen ihrer Umwelt flexibel sein müssen. Wenn wir erst die Natur mit anderen Augen betrachten, werden wir mehr als genug Beispiele für Ordnung finden.

Ich sah von dem klaren Gebirgsbach hoch und blickte wieder zu der Elchkuh hinüber, die immer noch versuchte, sich hinter dem Bäumchen zu verstecken, und auf das schmale Stämmchen starrte. Und es kam mir so vor, als ob wir in unserer Suche nach Sicherheit, im Glauben, daß wir unsere Unternehmen über starre Strukturen am besten managen, genauso kurzsichtig sind wie das Tier. Solange wir nur auf den Baumstamm starren, können wir um uns herum die Prozesse der lebendigen Systeme nicht wahrnehmen, die letzten Endes die Ordnung schaffen, nach der wir uns so sehnen.

Und doch ist es schwer, sich von dem schützenden Baum zu lösen, ist es neu und ungewohnt, sich der Welt mit der ihr eigenen Ordnung zu öffnen. «Im Leben geht es nicht um Kontrolle, sondern um ein dynamisches Miteinander», schreibt Jantsch (1980, 196). Ich möchte aus diesem Wissen heraus handeln. Ich möchte mich in einem Universum bewegen, in dem ich mich so sicher fühle, daß ich nicht mehr Gott spielen muß. Ich möchte mich nicht mehr länger bemühen, alles verzweifelt zusammenzuhalten. Ich möchte aus einem Gefühl der Sicherheit heraus keine Furcht mehr haben vor dem Konzept des Geschehenlassens, immer in dem Vertrauen darauf, daß die geeigneten Formen Gestalt annehmen werden. Ich möchte mir keine Gedanken mehr um das Universum machen müssen, sondern zusammen mit meinen Mitmenschen partizipierendes Mitglied einer Organisation werden, die im Einklang mit ihrer Umgebung auf das Wechselspiel von Prozessen vertraut, das Ordnung bedeutet.

ZWEITES KAPITEL

Newtonsche Organisationen im Quantenzeitalter

«Eine Fragmentierung findet jetzt überall statt. Das gilt nicht
nur für die gesamte Gesellschaft, sondern auch für jeden
einzelnen und führt zu einer allgemeinen geistigen
Verwirrung, woraus sich wieder endlose Schwierigkeiten
ergeben. Diese Probleme aber können wir kaum lösen, eben
weil die Aufsplitterung in immer kleinere Einheiten alles
schwerer durchschaubar macht...
Es ist offenbar eine irrige Vorstellung, daß diese Einheiten alle
separat bestehen, und diese Vorstellung muß zu endlosen
Konflikten führen und Verwirrung stiften.»

David Bohm

Ich sitze in einem fensterlosen Raum und nehme an
einem Ritual teil, das aus dem zwanzigsten Jahrhundert nicht
wegzudenken ist. Ich sitze in einer Besprechung, um ein Problem
zu lösen, und bin buchstäblich Tausende von Malen in einer ähnlichen Situation gewesen. Meine Kollegen und ich versuchen,
eine schwierige Situation in den Griff zu bekommen, und wenden dabei die neuesten Techniken an, die von Psychologen und
Wirtschaftsexperten entwickelt wurden. Die Probleme sind
ganz unterschiedlicher Art, mal ist es ein schlechtes Arbeits-
klima, mal soll die Produktivität unbedingt gesteigert werden.
Produktionstermine scheinen zu knapp zu sein, oder ein Her-
stellungsablauf soll neu festgelegt werden. Aber eigentlich ist es
ziemlich gleichgültig, worum genau es geht. Wesentlich ist, daß
wir uns immer wieder auf die gleiche sinnlose Art und Weise mit
einem Problem auseinandersetzen.

An der Wand vor uns hängen die neuesten Statistiken;
Listen, Pläne, Abrechnungen und graphische Darstellungen der

43

letzten Produktionsziffern sollen unsere Aufmerksamkeit fesseln. Hin und wieder löst sich eines der Papiere von der Wand und segelt zu Boden. Am Ende der Besprechung werden alle Papiere abgenommen und einer Sekretärin auf den Schreibtisch gelegt. Sie wiederum hat die Aufgabe, alles sorgfältig abzuschreiben und Kopien an jeden zu schicken, der an der Besprechung teilgenommen hat. Und da liegen dann die Ergebnisse einer solchen Besprechung, meist halbherzige Beschlüsse und vorsichtige Vorschläge, auf unseren Schreibtischen, werden auf den Stapel der noch zu erledigenden Vorgänge geschoben oder gelangen gleich in den Papierkorb. Zur Lösung des Problems aber tragen sie nur höchst selten bei.

Ich bin diese Listen leid. Ich halte nichts von den Terminen, die wir uns errechnen, von dem ewigen Analysieren, das ein Problem lösen soll. Es funktioniert einfach nicht. Unsere Listen und graphischen Darstellungen sagen nichts über unsere Erfahrung aus. Sie zeigen nur immer wieder, wie sehr wir uns bemühen, eine Wirklichkeit zu beherrschen, die schwer faßbar und verwirrend ist und uns immer wieder entgleitet. Wie verstörte Schamanen halten wir uns an überlieferte Rituale und hoffen auf ein Wunder. Bisher ist uns kein großer Weiser erschienen, der uns zeigt, wie wir uns in unserem Universum wohler fühlen könnten. Unsere Welt scheint nur immer undurchschaubarer und beunruhigender zu werden, und wir stellen immer wieder fest, daß unsere Bemühungen um Stabilität und korrekte Prognosen sinnlos sind. Was aber können wir sonst tun? Unsere lineare Methode, ein Problem anzugehen, kann nicht erfolgreich sein, wenn die Welt nicht entsprechend funktioniert. Aber was bleibt uns dann?

Die Suche nach neuen Schamanen hat ernsthaft begonnen. Am Ende des zwanzigsten Jahrhunderts stellen wir fest, daß unsere Organisationen, die auf Erkenntnistheorien des siebzehnten Jahrhunderts basieren, nicht mehr lebensfähig sind. Seit Newton und Descartes haben wir stolz auf die triumphalen Erfolge der Vernunft verwiesen und Zauberei verächtlich als

44

überholt abgelehnt. Und doch haben wir uns betören lassen und uns blind auf die Erfaßbarkeit der Dinge verlassen. Drei Jahrhunderte lang haben wir die Welt analysiert, haben geplant und Prognosen gestellt. Das Gesetz von Ursache und Wirkung ist uns zum Dogma geworden. Die Planer wurden zu Hohenpriestern ernannt, und Zahlen wurden mit absoluter Macht ausgestattet. Wir verlassen uns auf Zahlen, gleichgültig, ob es um die Gesundheit der Wirtschaft geht, um Produktivität oder unser körperliches Wohlbefinden. Wir haben Graphiken, Tabellen und Listen aufgestellt, die uns den Weg in die Zukunft weisen sollen, und sind von ihnen abhängig wie die alten Entdecker von ihren Seekarten. Ohne sie kommen wir uns verloren vor, allein auf dem weiten Meer. Wir sind also letzten Endes nichts weiter als Hexenmeister, die sich auch im späten zwanzigsten Jahrhundert noch auf ihre Zauberformeln und Zauberbücher verlassen.

Sir Isaac Newtons Universum war verführerisch. Während die Zeiger der großen Geschichtsuhr weiterrückten, machten wir uns schlau und erfanden das Maschinenzeitalter. Das Pendel schwang jetzt im perfekten Gleichmaß hin und her und trieb uns zu neuen Entdeckungen an. Die Erde umkreiste die Sonne in schöner Regelmäßigkeit, und wir waren mehr und mehr davon überzeugt, daß Determinismus und Vorhersagbarkeit von ungeheurer Wichtigkeit sind. Regelmäßigkeit und Reproduzierbarkeit wurden als feststehende Tatsachen verinnerlicht. Also organisierten wir auch die Arbeit und erweiterten unser Wissen auf eine Weise, die in dieses Universum paßte.

Man sollte hier vielleicht einmal darauf hinweisen, wie sehr sich die meisten Organisationen auf Newtons Gesetze stützen. Die Vorstellung von festgefügten Bahnen, in denen die Planeten mit maschinellem Gleichmaß kreisen, wurde von den Organisationen übernommen und ihrer Auffassung von aus Einzelteilen aufgebauten Strukturen zugrunde gelegt. Verantwortlichkeiten sind zu reinen Funktionen geworden, Menschen müssen bestimmte Rollen ausfüllen. Seitenweise liefern die Charts des Apparats Arbeitsnachweise, etwa, aus wie vielen Einzelteilen etwas besteht, was wohin gehört und welches die wichtigsten Teile sind. Vor ein paar Jahren begannen wir, uns mit diesem Konzept von der Organisation als Maschine kritisch zu befassen. Zu dem Thema ist viel veröffentlicht worden. (William Bygrave, ein Organisationstheoretiker und ehemaliger Physiker, hob hervor, daß viele Managementstrategen, von Chandler bis Porter, entweder selbst Ingenieure waren oder diesen Berufsstand bewunderten. Auf Grund ihrer naturwissenschaftlichen Ausbildung, so schreibt er, bestünde bei ihnen eine starke Tendenz, Firmenstrategien generell rational und systematisch anzugehen [1989, 16].)

Dieses Zerlegen in Einzelteile und das strenge Trennen von Bereichen findet man nicht nur in Unternehmen, sondern schon seit dreihundert Jahren auch überall sonst auf der Welt. Wissen wurde in Teilbereiche und Einzelthemen aufgegliedert, wobei dem technischen Wissen eine besondere Bedeutung zugemessen wurde. Sogar Menschen wurden in «Einzelteile» zerlegt und dazu aufgefordert, verschiedene Aspekte ihres Selbst in unterschiedlichen Situationen besonders hervorzuheben.

Bei Unternehmen konzentrierten wir unsere Aufmerksamkeit auf Struktur und organisatorische Gestaltung, sammelten ausführliche Daten in Zahlentabellen und stützten unsere Entscheidungen auf elegante mathematische Quotienten. Wir haben Jahre damit verbracht, die einzelnen Teile hin und her zu schieben, komplizierte Modelle zu bauen, über neue Variablen nachzudenken und andere analytische Methoden auszutüfteln. Bis vor kurzem haben wir wirklich geglaubt, nur die Einzelteile eines Systems, und seien es noch so viele, verstehen zu müssen, um das Ganze zu begreifen. Wir haben zerlegt und beschrieben, haben alles auf Ursache und Wirkung reduziert und die Welt letzten Endes in ein Koordinatensystem eingepaßt.

Eine als große Maschine angesehene Welt ist eine Welt voller Schranken. In einer Maschine hat jedes Rädchen seinen bestimmten Platz. In Unternehmen, die im Sinne des Newtonschen Weltbildes aufgebaut sind, stoßen wir ebenfalls überall an

46

Grenzen, haben wir enge Aufgabengebiete und Verantwortlichkeiten eingerichtet, ist Autorität wie auch Verantwortung klar definiert und begrenzt. Wir haben sogar den Erfahrungsfluß in Kanäle gezwungen und damit festgelegt, wie wir über die Welt zu denken haben. Wir sind zum Beispiel so konditioniert, daß wir die Wirklichkeit als eine Anhäufung von Variablen betrachten. Wir untersuchen diese Variablen auf ihre angeblich abhängigen und unabhängigen Eigenschaften hin, behandeln sie, als wären sie separat und existierten völlig getrennt voneinander, selbst wenn wir versuchen, durch multiple Regressionsanalysen ihre Interaktionen zu erklären. In der Wirtschaft wird Information in ausführlichen Diagrammen dargestellt, die Welt wird graphisch aufgeteilt bezüglich Marktanteil, Einstellung der Mitarbeiter, Kundenmeinung. Wir sprechen sogar von der Macht, einer doch wirklich schwer faßbaren, energetischen Kraft, wie von einem meßbaren Rohstoff, von dem uns «als Teil des Kuchens» etwas zusteht.

Diese überall vorhandenen Einteilungen geben uns ein Gefühl von Stabilität, zeigen uns verläßliche Strukturen, die uns Sicherheit vermitteln. Obgleich wir heute schon von Organisationen ohne Grenzen sprechen, können wir uns ein Leben in einer solchen Organisation nicht recht vorstellen. Zu sehr sind wir von Grenzziehungen abhängig, die unsere Umwelt definieren und uns damit Schutz bieten.

Grenzen geben uns außerdem ein starkes Identitätsgefühl. Sie lassen uns eins vom anderen unterscheiden. «In dem gesamten Bereich der klassischen Physik», schreibt Danah Zohar in «The Quantum Self», «und bei allen Technologien, die darauf aufbauen, geht es um die Vereinzelung von Dingen, um die einzelnen Teile des Ganzen und wie sie einander beeinflussen» (1990, 69). In der klassischen Physik wird eine Welt der Einzelteile untersucht und wie sie miteinander in Verbindung stehen. In dieser Welt gibt es deutlich definierte Umrisse; man kann erkennen, wo etwas aufhört und etwas anderes beginnt, man kann etwas beobachten, ohne an seiner Identität etwas zu verändern oder in seine Funktion einzugreifen. Diese Zerlegung der Welt in beschreibbare Einzelteile führte zu dem Glauben an wissenschaftliche Objektivität. Mit dieser Überzeugung haben wir jahrhundertelang Fortschritte erzielt, haben uns wohl gefühlt in einer Welt der Trennbarkeit, des Du und Ich, des Innen und Außen, des Hier und Da.

Man hatte uns eine riesige, komplizierte Maschine zur Wartung übergeben. Wir versuchten, den Geist des Konstrukteurs zu erforschen, selbst wenn er sich uns immer wieder entzog. Wir machten gewisse Annahmen, was den Erbauer der Maschine betraf (sein Geschlecht stand allerdings nie in Frage): Er war die unendliche Vernunft, seine Werke waren vollkommen logisch aufgebaut, und mit ein paar einfachen Gesetzmäßigkeiten konnten wir herausfinden, wie alles funktionierte. Die reduktionistische Wissenschaftsphilosophie fand immer mehr Anhänger. Der Schöpfer schien nur als allererster eine Managementrichtung vertreten zu haben, bei der es allein auf das Vereinfachen ankam. «Chaos wurde als ein außerordentlich komplexes System verstanden», sagen Briggs und Peat, «das die Wissenschaftler noch nicht durchschauen konnten. Sie waren aber zuversichtlich, daß sie es eines Tages schaffen würden. Von diesem Tag an würde es kein Chaos mehr geben, sondern nur noch Newtons Gesetze. Das war eine faszinierende Vorstellung.» (1989, 22)

In der Physik führte die Suche nach der totalen Vereinfachung zur Beschäftigung mit einer vereinheitlichenden Theorie, die später als die «theory of everything» bezeichnet wurde (siehe Davies und Brown, 1988). Die Suche nach prädiktiven Prinzipien hat auf dem Gebiet des Managements eine weniger beachtenswerte Entwicklung genommen. Es sieht so aus, als hätten wir sinnvolle Prinzipien mit endlosen Aphorismen und allzu simplen Vorstellungen von einer gutgeführten Organisation verwechselt.

Es war nicht leicht gewesen, in diesem Universum zu leben. Eine mechanistische Welt vermittelt eindeutig das Gefühl, inhuman zu sein. Zohar beschreibt das so: «Die klassische Physik verwandelte den lebendigen, sinnvollen und durchgeistigten Kosmos der Griechen und des Mittelalters, der von der Liebe Gottes für die Menschen in Bewegung gehalten wurde, in eine tote, präzise Maschine... Dinge bewegten sich, weil sie so angelegt und dazu bestimmt waren; kaltes Schweigen durchdrang die einst lebensvollen Himmel. Der Mensch und seine Bemühungen, das kosmische Bewußtsein und das Leben selbst galten nichts angesichts der übermächtigen, kalten Maschine des Universums» (1990, 18).

Für den Wissenschaftler hatte dieses Weltbild noch ganz andere Folgen. Er hatte zwar erfolgreich begonnen, die Geheimnisse der Natur aufzudecken, aber das wichtigste Ergebnis seiner Arbeit war, wie Prigogine und Stengers es ausdrücken, «die Entdeckung einer stillen Welt. Darin liegt das Paradoxon der klassischen Naturwissenschaft. Sie offenbarte dem Menschen eine tote, passive Natur, eine Natur, die wie ein Automat funktioniert, der, einmal programmiert, ausnahmslos den Regeln des Programms folgt. Und so isolierte das gründlichere Verständnis von der Natur den Menschen von ihr, statt daß er ihr dadurch näherkam... Es schien, als ob die Naturwissenschaft alles entwürdigte, was sie berührte.» (1984, 6)

Die Vereinzelung nahm nicht nur in der Naturwissenschaft einen immer größeren Raum ein, sondern beeinflußte ganze Kulturkreise. In den USA wurde der Individualismus besonders kultiviert, und jeder von uns bestand auf seiner Privatsphäre und seinen individuellen Rechten. Eine Gesellschaft entstand, in der, wie Bellah et al. schreiben, «der einzelne sich in einer glorreichen, aber schrecklichen Isolation befindet» (1985, 6).

Zu Anfang des zwanzigsten Jahrhunderts begann Newtons Alleinherrschaft ein wenig brüchig zu werden. Man entdeckte merkwürdige Welten auf der subatomaren Ebene, die durch Newtons Gesetze nicht mehr erklärt werden konnten, und der Weg war frei, das Universum neu zu begreifen. Newtons Gesetze der Mechanik haben in unserer Welt nach wie vor Gültigkeit und sind Voraussetzung für viele naturwissenschaftliche Fortschritte. Aber für Erklärungen anderer Phänomene braucht man heute einen neuen wissenschaftlichen Weg. Die Quantenmechanik zum Beispiel, die bisher erfolgreichste physikalische Theorie, beschreibt das Universum nicht als einen riesigen Mechanismus. Sie zeigt uns ein ganz anderes Bild der Welt.

«Die meisten Fortschritte auf unserem Weg, die Natur zu verstehen, können als *evolutionär* bezeichnet werden, denn sie stützen sich auf vorher etablierte Grundlagen: Tatsachen wurden nur neu beleuchtet und kombiniert oder wurden in einem neuen Zusammenhang gesehen und miteinander in Verbindung gebracht... Die Quantenlehre aber machte sich von diesen Grundlagen frei. Sie konnte und kann nicht mit Begriffen beschrieben werden, die unserem früheren Bild von der Wirklichkeit entnommen sind, denn viele dieser Ausdrücke treffen nicht länger zu. Letztlich aber hat die Quantenlehre weder die Wirklichkeit verschleiert noch die Natur der Dinge schwerer faßbar gemacht. Ganz im Gegenteil, die meisten Physiker würden zugeben, daß die Quantenlehre der Naturwissenschaft genau das Gegenteil gebracht hat, nämlich Konkretheit und Klarheit.» (Cole, 1985, 106)

Die Quantenwelt ist seltsam, was selbst Naturwissenschaftler zugeben. Das geht aus Aussagen von zwei der berühmtesten Theoretiker hervor. Niels Bohr warnt: «Wer von der Quantentheorie nicht schockiert ist, hat sie nicht verstanden.» Und Erwin Schrödinger reagierte auf rätselhafte Aspekte der Theorie so: «Es gefällt mir nicht, und es tut mir wirklich leid, daß ich jemals etwas damit zu tun hatte.» (in: Gribbin 1984, 5; Frontispiz)

Aber die Quantenlehre ist nicht nur beunruhigend und faszinierend zugleich, sondern sie ist auch relevant. Je mehr wir über das Leben auf subatomarer Ebene erfahren, desto häufiger werden wir meiner Meinung nach neuen Bildern begegnen, die unser Leben auf der Makro-Ebene bereichern. Es könnte sein, daß die Quantenphänomene auch auf uns als ganze Menschen anzuwenden sind. Unsere Hirnzellen sind «empfindlich genug, um die Absorption eines einzigen Photons zu registrieren... und sind deshalb auch empfindlich genug, von einer Fülle merkwürdiger Verhaltensweisen auf der Quantenebene beeinflußt zu werden», schreibt Zohar (1990, 79). Und Wolf meint, «statt zu erleben, daß die Quantenmechanik nur etwas über immer winzigere Teile unseres Universums aussagen kann, stellen wir Physiker fest, daß wir sie auf immer größere Bereiche von Zeit und Raum anwenden können» (1981, XIV).

Da es ein so merkwürdiges Gebiet ist, denken sich Chronisten der Quantenwelt immer neue Metaphern aus. Zohar beschreibt sie als «gewaltiger Brei des Seins, wo nichts festliegt oder meßbar ist, ...auf gewisse Weise geisterhaft und uns mit dem Verstand noch nicht ganz zugänglich» (1990, 27). Capra beschreibt eine solche Welt als «dynamische Muster, die ständig eins in das andere übergehen – ein ewiger Tanz der Energie» (1983, 91). Andere sagen, daß sie ein Ort ist, wo «alles miteinander verbunden ist wie ein unendliches Netzwerk von Interferenzmustern» (in: Lincoln 1985, 34). Der Astronom James Jean drückte seine Auffassung 1930 auf eine Weise aus, die meiner Vorstellung dieser neuen Welt am nächsten kommt: «Das Universum hat immer mehr Ähnlichkeit mit einem mächtigen Gedanken und nicht mit einer gewaltigen Maschine.» (in: Capra 1983, 86)

Als die Welt aufhörte, eine Maschine zu sein, als wir anfingen, ihre dynamischen, lebendigen Eigenschaften zu erkennen, verschwanden damit auch viele ihrer vertrauten Aspekte. In der Arbeit von Quantentheoretikern haben «Gegenstände» keinen Platz mehr. Manche Wissenschaftler jagen zwar immer noch den grundlegenden Bausteinen der Materie hinterher, aber andere haben diese sinnlose reduktionistische Suche aufgegeben. Sie suchen das kleinste unteilbare Teilchen nicht mehr, denn bei dieser Suche fanden sie «Gegenstände», die Form und

Eigenschaften als Reaktion aufeinander und auf den Beobachter veränderten. «Man muß erkennen», schreibt Zohar, «daß es an Stelle winziger Billardkugeln, die durch Kontaktkräfte bewegt werden, viele Muster aktiver Beziehungen gibt, Elektronen und Photonen, Mesonen und Nukleonen, die uns mit ihrem schwer faßbaren Doppelleben zum Narren halten. Mal bestehen sie nur als Position, dann als Momentum, mal sind sie Partikel, dann Welle oder Masse oder Energie – und all das als Reaktion aufeinander und auf ihr Umfeld.» (1990, 98)

In der Quantenwelt sind Beziehungen mehr als interessant; viele Physiker sind der Überzeugung, daß die Wirklichkeit *nur* aus solchen Beziehungen besteht. Einer von ihnen, Henry Stapp, hält Elementarteilchen «im Grunde genommen für einen Satz von Beziehungen, die sich nach außen auf andere Dinge hin orientieren» (in: Capra 1983, 81). Durch Interaktionen mit anderen Energiequellen manifestieren sich Teilchen flüchtig. Wir können jede dieser Energiequellen benennen, und Physiker bezeichnen die flüchtigen Existenzen immer noch als Neutronen, Elektronen usw., obwohl sie «Zwischenstadien im Netzwerk der Interaktionen» sind. Physiker können die Wahrscheinlichkeit und die Ergebnisse der Interaktionen bestimmen und aufzeichnen, etwa in Feynman- und S(scattering) Matrix-Diagrammen, aber keines der Teilchen kann ohne Verbindung zu anderen dargestellt werden. An diesen Diagrammen ist der allgemeine Prozeß das Wichtige, wie nämlich Elemente einander begegnen und sich ändern; sie lassen sich darüber hinaus im Detail nicht analysieren (Zukav 1979, 248–50).

Als Mitglieder von Organisationen stehen wir am Rande dieser neuen Welt der Beziehungen und hoffen, daß uns die neuen Karten nicht irreleiten, immer noch voller Angst, daß wir ins Nichts fallen, wenn wir uns nach ihnen richten. Manchmal ruft der Matrose im Ausguck «Land in Sicht», obgleich er noch keine Küste erkennen kann. Er weiß zwar, wonach er Ausschau hält, weiß auch, wie schwer Land am Horizont auszumachen ist. Und obwohl er die Wolkenstreifen von der Küste unterscheiden

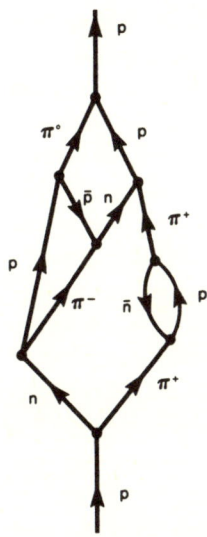

Die vielfachen Leben eines einzigen Protons, dessen einzelne Manifestationen so kurz sind, daß wir sie nicht begreifen können. In dieser Reaktion, die von dem Physiker Kenneth Ford aufgezeichnet wurde, erscheinen 11 Teilchen in der Zeitspanne, die das ursprüngliche Proton braucht, um sich über ein Neutron und ein Pion wieder in ein einziges Proton zu verwandeln (Zukav 1979, 237). In diesem Diagramm werden die Potentiale gezeigt, die in jedem Teilchen vorhanden sind und es ihm ermöglichen, in unterschiedlichen Kombinationen mit anderen Teilchen zu existieren. Diese Kombinationen sind nicht zufällig; die Wahrscheinlichkeit, daß sie auftreten, kann genau berechnet werden, obgleich letzten Endes nicht vorhersagbar ist, welche Reaktionen stattfinden.

kann, ruft er dennoch manchmal die ersehnten Worte, weil er zuversichtlich ist, daß seine Vermutung stimmt, wenn er es auch noch nicht sicher weiß. Sich Organisationen vorzustellen, die auf der Quantentheorie aufgebaut sind, verlangt eine solche Zuversicht von uns. Je vertrauter uns die Quantenwelt wird, desto eher tauchen für uns auch einige der organisatorischen Formen aus dem Nebel des Unbekannten auf und werden zumindest dem Umriß nach erkennbar.

Diese Welt der Beziehungen ist komplex und reichhaltig. Gregory Bateson (1980) spricht von «dem Muster, das verbindet» und schlägt vor, nicht länger Tatsachen zu lehren, «Dinge» des Wissens, sondern uns statt dessen auf Beziehungen als Grundlage jeglicher Definitionen zu konzentrieren. Dann werden wir verstehen, daß wir Potentiale, also das, was an Möglichkeiten vorhanden ist, nicht vorhersagen können. Vor Jahren las ich einmal, daß Elementarteilchen «gebündelte Potentialität» seien. Das trifft nach meiner Meinung auch auf uns zu, denn wir sind

sicher ebenso schwer zu definieren und zu analysieren und stek-
ken ebenso voller Möglichkeiten wie sonst irgend etwas in unserem Universum. Keiner existiert vollkommen unabhängig von
seinen Beziehungen zu anderen. Durch bestimmte Menschen
und unterschiedliche Situationen kommen manche unserer
Eigenschaften zum Vorschein, während andere verborgen bleiben. In jeder Beziehung sind wir anders und auf bestimmte
Weise neu.

Wenn nur das existiert, was in Beziehung zu etwas anderem steht, müssen wir nicht mehr in Gegensätzen denken. Jahrelang habe ich mich mit einer Frage herumgeschlagen, die ich
für sehr wichtig hielt: Was beeinflußt das Verhalten innerhalb
von Unternehmen mehr, das System selbst oder der einzelne
Mensch? Und die Quantenwelt gab mir die Antwort, laut und
deutlich: «Es kommt darauf an.» Es geht hier nicht um entweder – oder. Man muß sich nicht für eins von beiden entscheiden.
Allein wichtig ist die Beziehung zwischen dem Menschen und
der Situation, in der er sich befindet. Und diese Beziehung wird
immer anders sein, wird immer unterschiedliche Fähigkeiten
ansprechen. Es hängt alles von den Mitspielern und dem Augenblick ab.

Vollkommene Vorhersagbarkeit und Gleichförmigkeit
sind also unmöglich. Wenn uns diese Erkenntnis auch ein wenig
alarmierend erscheint, so wird die Welt dadurch ganz sicher interessanter. Das Verhalten unserer Mitmenschen ist weniger
leicht vorhersagbar und häufiger überraschend. Jeder von uns
zeigt sich in unterschiedlichen Situationen auf neue Weise. Wir
werden dadurch nicht unglaubwürdiger, sondern wir verhalten
uns wie Quanten. Nicht nur wir sind nicht festgelegt, sondern
das trifft auch auf das ganze Universum zu.

Eine Ursache universeller Unbestimmtheit liegt in der
Tatsache, daß Elementarmaterie sich grundsätzlich auf zweifa-
che Weise manifestiert. Materie kann aus Teilchen bestehen, lo-
kalisierten Punkten im Raum; oder sie kann als Welle existent
sein, als Energie, die über ein begrenztes Volumen verteilt ist.

Die Gesamtidentität der Materie (die auch als Wellenpäckchen bezeichnet wird), schließt Möglichkeiten für beide Formen ein, Teilchen und Wellen. Es handelt sich dabei um das Prinzip der Ergänzung; und im Grunde, wenn man mir diese philosophische Interpretation gestattet, geht es dabei um das Prinzip der Einheit, die sich als Mannigfaltigkeit zeigt.

Diese beiden komplementären Aspekte einer Existenz können aber nicht gleichzeitig als ein Ganzes untersucht werden. Dem steht ein weiteres Hauptprinzip der Quantenphysik im Wege, die Heisenbergsche Unschärferelation. Wir können entweder die Position messen und so den Teilchenaspekt erfassen, oder wir können die Bewegkraft bestimmen und die Welle beobachten, aber niemals beides gleichzeitig tun. «Wir können Welleneigenschaften messen oder Teilcheneigenschaften, aber die genauen Charakteristiken der Dualität lassen sich nicht bestimmen. Von einem bestimmten Wellenpäckchen können wir nur sehr ungenau etwas über seine Position und seine Bewegkraft gleichzeitig aussagen.» (Zohar 1990, 27) Dieser «ausgedehnte Brei des Seins» ist wie Treibsand, der all unsere Hoffnungen auf ein deterministisches, quantifizierbares Universum verschluckt.

Diese beiden Prinzipien verändern grundsätzlich unser Verhältnis zu Messungen und Beobachtungen. Wenn Quantenmaterie eine Beziehung mit dem Beobachter eingeht und sich verändert, um seinen Erwartungen gerecht zu werden, wie kann es dann wissenschaftliche Objektivität geben? Wenn der Naturwissenschaftler Experimente entwickelt, um Welleneigenschaften zu untersuchen, dann verhält sich die Materie wie eine Welle. Wenn durch das Experiment Eigenschaften der Teilchen bestimmt werden sollen, dann zeigt sich die Materie als Teilchen. Der Akt des Beobachtens selbst ist dafür verantwortlich, daß das Wellenpäckchen nur einen Aspekt seiner Eigenschaften zeigt. Ein Potential manifestiert sich, während die anderen gleichzeitig verschwinden. (Physiker, die die Thesen der Vielen Welten [oder Parallelen Universen] postulieren, meinen, daß

Potential niemals verlorengeht. Jedes verdeutlicht sich in seiner eigenen Welt. Viele Welten entstehen und existieren also nebeneinander [Wolf 1988]).

«Ohne Beobachtung fährt das Universum fort, ...eine endlose Fülle von Möglichkeiten zu erzeugen. Die Beobachtung hat jedoch unmittelbare und dramatische Folgen. Alle Wellenfunktionen, die das beobachtete System repräsentieren, fallen zusammen, ausgenommen der eine Teil, der zur Realität wird. Niemand weiß, was eine bestimmte Möglichkeit dazu veranlaßt, zur Realität zu werden, und den Rest, zu verschwinden. Das einzige Gesetz, das für dieses Phänomen gilt, ist statistischer Art. Mit anderen Worten, es hängt vom Zufall ab.» (Zukav 1979, 79)

In diesem Universum der Relationen läßt sich nichts mehr unabhängig vom Beobachter untersuchen. Der Akt des Beobachtens ist Teil des Prozesses, der zum Vorschein bringt, was wir gerade untersuchen (siehe Kapitel 4). Teilchen bleiben als unscharfe Bündel bestehen, bis sie untersucht werden. Erst dann werden sie zur Sache. (Wenn das Wellenpäckchen zusammenfällt, überlassen die Quantenphänomene wieder Newtons physikalischen Gesetzen das Feld.) Der bekannte Physiker John Archibald Wheeler behauptet, daß die grundlegende Komponente von allem, was das Universum ausmacht, der «ätherische Akt der teilnehmenden Beobachtung» ist. Das Universum sei ein partizipatives Universum (in: Zohar 1990, 45). Wir *schaffen* nicht die Wirklichkeit, wie manche behauptet haben, sondern sind unentbehrlich für ihre Entstehung. Wir *beschwören ein Potential* herauf, das bereits vorhanden ist. Da Dinge ohne uns in der Quantenwelt nicht als sichtbare oder meßbare Phänomene existieren können, muß die Idee einer absoluten wissenschaftlichen Objektivität aufgegeben werden.

Vor mehreren Jahren wies der Organisationstheoretiker Karl Weick darauf hin, daß wir an dem Entstehen organisatorischer Wirklichkeiten mitbeteiligt sind. «Das Umfeld, um das sich die Organisation immer wieder Gedanken macht, ist von ihr selbst geschaffen worden», stellte er fest. Wenn wir das akzeptieren, dann werden sich uns ganz andere Themen stellen. Wenn wir selbst für das Umfeld verantwortlich sind, es also selbst hervorbringen, wie können wir ihm dann objektive Eigenschaften zuschreiben oder darüber streiten, was wahr und was nicht wahr ist? Weick meinte, wir sollten uns statt dessen auf die Effektivität in Organisationen konzentrieren, uns überlegen, warum etwas wie abgelaufen ist und wie wir es hätten besser machen können. Wir sollten nicht länger über die «objektive» Wahrheit diskutieren, sondern überlegen, was am effektivsten ist (1979, 152, 168–169).

Weick machte auch Vorschläge, wie wir organisatorische Analysen anders anlegen könnten. Handeln sollte dem Planen vorangestellt werden, denn nur durch Aktionen können wir ein Umfeld schaffen. Und erst dann, in einem Umfeld, können wir Gedanken und Pläne formulieren. Bei strategischen Planungen tun wir so, als reagierten wir auf eine Forderung des Umfeldes, obwohl wir doch, so Weick, unser Umfeld erst durch unsere festen Absichten schaffen. Strategien sollten «aus dem Augenblick entstehen, sollten ein größeres Allgemeinwissen, weitgefächerte Fähigkeiten zur Grundlage haben. Das Unternehmen sollte in der Lage sein, schnelle, gezielte Untersuchungen vorzunehmen, den Intuitionen vertrauen und wissen, wann es besser ist, etwas aufzugeben.» (1979, 223, 229) Mit anderen Worten, wir sollten uns auch in Unternehmen darauf konzentrieren, sozusagen Wellenpäckchen zu schaffen, Mittel und Möglichkeiten vorzubereiten und auszubauen, bis sie gebraucht werden.

Weick beschreibt eine Quantenwelt, obgleich er den Begriff «enactment» (In-Kraft-Setzung) verwendet. Das Umfeld entsteht erst durch unser Handeln, wir können es nicht beschreiben, bevor wir uns damit auseinandersetzen. Abstraktes Planen ohne aktives Handeln wird zu einer rein geistigen Übung, bei der wir eine Welt heraufbeschwören, die es nicht gibt.

Vieles, worüber wir uns in Unternehmen Gedanken machen, womit wir unsere Zeit verschwenden, hat seinen Ursprung in dem festen Glauben an eine objektive Wirklichkeit. Wir glauben, daß es irgendwo da draußen etwas gibt, was wir zwar heute noch nicht definieren, letzten Endes aber wahrnehmen und analysieren können, wenn wir uns nur tüchtig einsetzen. Wir haben uns sehr um Wissen bemüht, damit wir unser Umfeld gründlich beschreiben können. Wir beschränken uns nicht mehr auf Ursache und Wirkung, sondern suchen nach vielfältigen Ursachen, versuchen immer kompliziertere Variablen in Strategie und Struktur unter einen Hut zu bekommen.

Aber diese Suche nach stabilen, ausreichend definierten Zielen ist, mit Verlaub gesagt, ein kosmischer Scherz. Wir dachten, wir könnten die Wirklichkeit festnageln, könnten sie scharf ins Visier nehmen, könnten einen Pfad in die Zukunft erkennen. Bloß wie macht man das in dieser schwer faßbaren Welt der Möglichkeiten? Wir haben mit «unendlichen Netzwerken von Interferenzmustern» gespielt, mit dem «kontinuierlichen Tanz der Energie». Die Welt ist kein Gegenstand. Sie ist ein unendliches, kompliziertes, sich ständig änderndes Gewebe.

Um in einer Quantenwelt zu leben, um hier und da mit Leichtigkeit und Eleganz «mitzuweben», müssen wir unser Verhalten ändern. Wir dürfen nicht länger lediglich Aufgaben und Pflichten beschreiben, sondern müssen uns um den Prozeß selbst bemühen. Wir müssen lernen, Beziehungen zu knüpfen und Entwicklung und Wachstum zu unterstützen. Wir müssen lernen, zuzuhören, zu kommunizieren und Gruppenbildungen zu fördern, denn nur so können wir stabile Beziehungen aufbauen. Man weiß heute, daß die Zeit des krassen Individualismus vorbei ist und es heute mehr auf das Team ankommt. Aber das ist erst der Anfang. Die Quantenwelt hat das Konzept des verbindungslosen Einzelnen zerstört. Immer mehr Beziehungen sind in dem unendlichen Gewebe universaler Bindungen für uns da.

Selbst die Macht in einem Unternehmen gehorcht der Quantentheorie. Ich hatte eines Abends eine lange interessante Unterhaltung mit einem klugen Freund, der meinte, daß «die

Macht eines Unternehmens aus der Leistungsfähigkeit besteht, die sich aus den Beziehungen zueinander ergibt». Es handelt sich hier um echte Energie, die nur über Bindungen entstehen kann. Seit dieser Unterhaltung achte ich auf ganz andere Dinge in einem Unternehmen. Jetzt ist es mir wichtiger, wie die Beziehungen der Menschen zueinander an einem Arbeitsplatz aussehen. Aufgaben, Funktionen und Hierarchien sind für mich Nebensache. Mich interessieren die Beziehungsmuster und die Art und Weise, wie auf sie Einfluß genommen werden kann.

Macht ist eine Energie und sollte deshalb frei fließen können. Sie darf weder auf Funktionen noch auf organisatorische Ebenen beschränkt werden. Wir haben die positiven Ergebnisse dieser frei fließenden Energie in Unternehmen feststellen können, sowohl bei partizipativem Management als auch bei Teams, die selbstverantwortlich arbeiten. Energetische Kraft, ob positiv oder negativ, hängt von der Art der Beziehungen ab. Durch Unterdrückung oder Nichtachtung des anderen entsteht negative Energie. Wer anderen gegenüber aufgeschlossen ist und den Nächsten als ganzen Menschen anerkennt, schafft positive Energie. In Organisationen ist also die positive Akzeptanz des anderen die wichtigste Energiequelle, wie wir zur Verfügung haben. Und all das nur, weil wir ein Quantenuniversum bewohnen, das sich durch Beziehungen und Bindungen definiert.

Dieses Netz von Beziehungen ist in der Quantenphysik überaus dominant und gibt uns gleichzeitig so viele Rätsel auf. Wissenschaftler haben Verbindungen aufgedeckt, die zwischen anscheinend völlig separaten Teilen bestehen, in Raum und Zeit weit voneinander getrennt. Seit 1930 gab es unter den bedeutendsten Physikern jahrelang große Diskussionen über dieses Thema, allen voran Niels Bohr und Albert Einstein. Konnte Materie durch «nicht-lokale Ursachen» beeinflußt werden? Oder durch etwas, was sich schneller als das Licht bewegte? Einstein fand die Vorstellung eines Universums, in dem Ursache und Wirkung weit voneinander entfernt existierten, so abstoßend, daß er zusammen mit zwei anderen Physikern ein Gedankenexperiment ersann (das EPR-Experiment), um das Vorhandensein nicht-lokaler Ursachen zu widerlegen. Dreißig Jahre später, die Diskussion dauerte noch an, fand der Physiker John Bell einen mathematischen Beweis dafür, daß so etwas wie eine «gleichzeitig ablaufende Aktion-in-der-Entfernung» im Universum möglich war. Und schließlich bewies 1982 der französische Physiker Alain Aspect experimentell, daß Elementarteilchen tatsächlich durch Verbindungen beeinflußt werden, die unsichtbar über Zeit und Raum vorhanden sind (Gribbin 1984, 227).

Aspect hatte in seiner Arbeit das originale EPR-Experiment weiter ausgebaut, das Einstein vorgeschlagen hatte. Zwei Elektronen wurden zum Beispiel daraufhin getestet, ob sie, wenn sie einmal korreliert (gepaart) waren, ihre Verbindung über einen Abstand aufrechterhalten konnten. Elektronen können korreliert werden, indem man ihre Eigendrehungen (Spin) so paart, daß ihre Summe null ergibt. Elektronen drehen sich an einer Rotationsachse entlang, entweder «nach oben» oder «nach unten». Da es sich dabei aber um Quantenphänomene handelt, existieren die Achsen nur als *potentielle* Achsen, bis wir eine Achse festlegen, an der sich messen läßt. Vor der Messung können wir dem Elektron keinen bestimmten Spin zuordnen; wir wissen nur: *Wenn* wir messen, dann reagiert es auf die Achse, die wir uns für unsere Messung gewählt haben. Bei den beiden Elektronen, die wir gepaart haben, wird das eine seine Eigendrehung nach unten ausführen, wenn das andere sich nach oben dreht, wenn sich eins nach rechts dreht, wird sich das andere nach links drehen.

Im Experiment werden die zwei Elektronen voneinander getrennt. Theoretisch kann die Weite des Universums zwischen ihnen liegen. Und dennoch, in dem Augenblick, in dem wir die Eigendrehung eines Elektrons zum Beispiel an der vertikalen Achse entlang messen, wird das zweite Elektron, unabhängig von dem Abstand, ebenfalls einen vertikalen Spin zeigen, aber in

60

umgekehrter Richtung. Woher weiß das zweite Elektron über so weite Entfernung, für welche Achse wir uns bei unserer Messung entschieden haben?

Man glaubte bisher, daß keine Reaktion schneller als mit Lichtgeschwindigkeit ablaufen kann, aber hier haben wir einen Beweis, der diese Behauptung widerlegt. Physiker erklären die Ergebnisse der Elektronenexperimente so, daß unsichtbare Verbindungen zwischen beiden Elektronen bestehen, daß sie ein unteilbares Ganzes darstellen, das man nicht in Einzelteile aufspalten kann, selbst wenn eine räumliche Trennung besteht. Wegen ihrer unsichtbaren Verbindung lassen sie sich nicht als voneinander unabhängige Teilchen messen.

In unseren ständigen Bemühungen um Ordnung und Vorhersagbarkeit machen uns nicht-lokale Kausalitäten schier wahnsinnig. Trotz aller vorausschauenden Planung werden wir immer wieder mit Einflüssen konfrontiert, die wir nicht sehen und nicht testen können, und Merkwürdiges geschieht, das wir nicht begreifen können. Wir haben Dinge so lange in ihre Einzelteile zerlegt, haben geglaubt, daß wir sie nur so durchschauen und verstehen können, daß wir diese neue Ordnung nicht erkennen können, die das Ganze in Bewegung hält. Oder wie der britische Physiker David Bohm sagt: «Die Annahme, daß diese Einzelteile alle unabhängig voneinander Bestand haben, ist offenbar eine Illusion, die zu endlosen Mißverständnissen und Konflikten führen muß.» (1983, 2)

Zur Zeit können wir die Komplexität der Welt nur verarbeiten, indem wir sie mit komplizierten Systemen und Prozessen zu erklären versuchen, ein Bemühen, das immer noch von dem Newtonschen Wunsch nach Vorhersagbarkeit bestimmt ist. Wir versuchen, eine Liste aller Variablen aufzustellen, und hoffen, dann das System so manipulieren zu können, daß sich das erwünschte Ergebnis einstellt. Aber unsere Hoffnung kann sich nicht erfüllen. Es gibt keinen Weg zurück in den sicheren Hafen der Vorhersagbarkeit, es gibt keinen Kapitän, der uns über einen deterministischen Ozean befördert. Wir müssen jenseits der unzähligen Fragmente das Ganze sehen lernen, müssen in Gedanken ein paar Schritte zurücktreten, um erkennen zu können, wie sich alles als kohärente Wesenheit bewegt und verändert. Wir leben schließlich in einer ungenauen Welt, in der Grenzen nicht leicht festzulegen sind. Sie sind vorhanden und dann doch wieder nicht, und wir verzweifeln in unserem Bemühen, sie genau zu definieren oder zwischen deutlich begrenzten Konzepten eindeutige Beweise für Ursache und Wirkung zu finden.

Es gibt keine uns vertraute Denkweise, die uns die totale Vernetzung des Quantenuniversums begreiflich macht. Anstatt als einsamer Raum, in dem sich Teilchen voneinander isoliert bewegen, manifestiert sich das Universum anscheinend in unzähligen Bindungen. Deshalb hat man neue Metaphern ersonnen, spricht von Netzen und Weben oder von der Welt als einem großen Gedanken. Die Schwerkraft ist ein vertrautes Beispiel für «Aktion auf Distanz», und die Naturwissenschaftler sprechen von anderen «Feldern», also unsichtbaren Kräften, die dem Raum Struktur geben, um damit die Bindungen zu erklären, die sie beobachten. (Mehr über Felder in Kapitel 3). Aber selbst bei der Aufstellung verschiedener Feldtheorien sind wir eigentlich immer noch in der Teilchen-Denkweise gefangen, weil wir versuchen zu erklären, wie einzelne Teile miteinander verbunden sind. Aus Bohms Arbeiten dagegen wird eine provozierendere Prämisse deutlich, daß es nämlich auf einer bestimmten Ebene, die wir nicht wahrnehmen können, ein ungebrochenes Ganzes gibt. Wenn wir unter die Oberfläche sehen könnten, würden wir eine «implizite Ordnung» erkennen, aus der scheinbar voneinander Unabhängiges entsteht (1983).

In zunehmendem Maße wird in unserer Gesellschaft gefordert, «global zu denken und lokal zu handeln», und ich bin davon überzeugt, daß sich darin eine Einstellung zur Wirklichkeit ausdrückt, die auf der Quantentheorie basiert. Es ist eine vernünftige Idee, ein umfassendes größeres System dadurch zu verändern, daß man in überschaubaren Zusammenhängen handelt. Statt sich also komplizierte Pläne auszudenken, wie

62

man das Ganze verändern könnte, sollte man lieber mit einem System arbeiten, das man überblicken kann. Mit Newtons Augen betrachtet, hieße das, die Veränderung in kleinen Schritten voranzutreiben. Stück für Stück, in immer größeren Zusammenhängen, entwickeln wir genügend Bewegung, um die größere Gesellschaft zu beeinflussen.

Die Quantentheorie würde den Erfolg eines solchen Vorgehens anders erklären. Wenn wir unsere Handlungen auf unsere nähere Umgebung beschränken, können wir mit den Bewegungen und dem Fluß nebeneinander ablaufender Ereignisse innerhalb des kleinen Systems arbeiten. Die Wahrscheinlichkeit ist größer, daß wir synchron mit diesem System einen Einfluß ausüben. Diese Veränderungen im kleinen aber schaffen auch Veränderungen in großen Systemen, und zwar nicht, weil sich eins auf dem anderen aufbaut, sondern weil allen Systemen die ungebrochene Ganzheit gemeinsam ist, die sie schon immer miteinander verband. Unsere Aktivitäten in einem Teil des Ganzen rufen nicht-lokale Ursachen hervor, die weit von uns entfernt deutlich werden. Es lohnt sich, mit dem System überall dort zu arbeiten, wo es sich manifestiert, da unsichtbare Bindungen weit entfernt Wirkungen hervorbringen, was für uns nicht vorstellbar war. Dieses Modell einer Veränderung, die sich in plötzlichen Anläufen, überraschenden Ereignissen, unsichtbaren Bindungen und Quantensprüngen äußert, entspricht unseren eigenen Erfahrungen viel eher als die von uns bevorzugten Modelle stetig wachsender Veränderung.

Die Quantensprünge, von denen wir so selbstverständlich sprechen, lehren uns auch etwas über die Bindung der Quanten selbst. Technisch gesehen sind diese Sprünge plötzliche und diskontinuierliche Veränderungen, die darin bestehen, daß ein Elektron von einer atomaren Kreisbahn auf eine andere springt, ohne Zwischenstadien zu durchlaufen. Wann genau dieser Sprung erfolgen wird, ist nicht vorhersagbar; Physiker können zwar die Wahrscheinlichkeit berechnen, daß, aber nicht genau, wann ein solcher Sprung stattfindet. Ein Ablauf, den wir nicht beobachten können, vollzieht sich: ein ganzes System bringt die Umstände hervor, die zu dem plötzlichen Sprung führen. Da wir nicht genug über die gesamte Bewegung wissen und auch nie wissen werden, können wir auch nicht genau vorhersagen, wie sich sein Einfluß zeigen wird. Das ist für diejenigen, die versuchen, Unternehmen zu managen, nicht unbedingt ein beruhigender Gedanke. Und doch sind Quantensprünge mit den Erfahrungen, die wir mit organisatorischen Veränderungen machen, weitaus vergleichbarer, als wir im allgemeinen zugeben.

Meine zunehmende Sensibilität im Hinblick auf das Quantenuniversum hat meine Einstellung zu organisatorischen Problemen auf verschiedene Weise verändert. Einmal bemühe ich mich, stets das Ganze im Blick zu behalten und meinem lang geschulten Wunsch zu widerstehen, alles bis zum letzten zu analysieren. Ich achte heute mehr auf die zeitliche Entwicklung von Bewegungsmustern und konzentriere mich eher auf Eigenschaften wie Rhythmus, Fluß, Richtung und Form. Zweitens ist mir bewußt geworden, daß ich nur Zeit verschwende, wenn ich in einem Diagramm über Ursache und Wirkung zwei Veränderliche mit einer geraden Linie verbinde oder Dinge als Gegensätze darstelle, komplizierte Pläne aufstelle und Kurven zeichne. Drittens streite ich mit niemandem mehr darüber, was Realität ist. Viertens verwende ich die Zeit, in der ich früher ausführlich geplant und analysiert habe, jetzt darauf, mir Strukturen näher anzusehen, in denen vielleicht Beziehungen möglich sind. Ich erwarte heute, daß bereits dadurch etwas Nützliches geschieht, daß ich Menschen, Gruppen oder Aufgabengebiete miteinander in Kontakt bringe, obgleich ich die genauen Ergebnisse nicht vorher festlegen kann. Und schließlich wird mir immer bewußter, daß das Universum mit meiner Sehnsucht nach Determinismus nichts anfangen kann.

Wer Metaphern aus der Musik, speziell des Jazz, dazu verwendet, Führungsqualitäten zu beschreiben, der ist auf der richtigen Quantenspur. Ohne «Improvisation» geht nichts. Als

Führungspersönlichkeiten haben wir die wichtige Aufgabe, die Melodie festzulegen, das Tempo anzugeben, die Tonart zu bestimmen und die Musikgruppe zusammenzustellen. Aber mehr können wir nicht tun. Auf die Musik selbst haben wir keinen Einfluß, sie entsteht aus einem gemeinsamen Ganzen, das sich zwischen den Musikern entwickelt, einer Einheit, die sich auf Beziehungen aufbaut und die Vereinzelungen transzendiert. Und wenn es dann am Ende funktioniert, lehnen wir uns verwundert und dankbar zurück.

Während ich dieses Kapitel schrieb, rief mich ein Klient an, der tief in ein Projekt verstrickt und sehr frustriert war. Sein Unternehmen hatte Daten gesammelt, hatte herausgefunden, wo es die meisten Probleme gab, und hatte bestimmte Arbeitsgruppen für die jeweiligen Probleme eingesetzt. Und jetzt hatten die Manager Schwierigkeiten, die Arbeitsgruppen zu koordinieren. Je gründlicher man nämlich die Problempunkte untersuchte, desto eindeutiger wurde, daß sie alle letzten Endes miteinander zu tun hatten. Zusammenhänge zeigten sich überall, und doch handelten die Arbeitsgruppen strikt separat. Erschöpfung und Ungeduld machten sich breit. Es kam schließlich so weit, daß man unbedingt irgend etwas beschließen und durchführen wollte, wobei es schon kaum mehr darauf ankam, was. Alles war besser als diese fruchtlosen Sitzungen und detaillierten Planungen.

Ich hörte ihm zu und hatte einen klassischen Anfall von «Newtonscher Verzweiflung». Ich wußte genau, was er fühlte. Ich wußte genau, worauf alles hinauslief, und ich konnte doch so wenig helfen. Wir sprachen eine Zeitlang darüber, wie man das ganze System zusammenfassen und eine grundsätzliche Analyse durchführen könnte. Aber ich war unzufrieden, daß ich keine bessere Vorstellung davon hatte, was man in einem solchen Fall tun könnte.

Ich fühlte mich wahrscheinlich ähnlich wie Heisenberg, als er im Morgengrauen durch die Straßen ging und verzweifelt nach neuen Erleuchtungen suchte, was das Universum betraf.

Auch ich kann das Beben unter meinen Füßen spüren, ich kann das tiefe Grollen der Erde unter mir hören. Sehr bald wird sie aufbrechen, und ich kann durch den tiefen Riß in ihre dunkle Mitte sehen. Und in diesen rauchenden Abgrund werde ich nahezu alles werfen, was mir lieb und teuer war, werde mich von den meisten der Techniken und Hilfsmittel lösen, die mir bisher ein Gefühl der Kompetenz gaben. Noch bin ich dazu nicht in der Lage. Noch kann ich nicht alles, was ich gelernt habe, in den Abgrund werfen. Aber ich weiß, daß es dazu kommen wird. Und wenn es soweit ist, wenn ich den Göttern der Einsicht meine Opfer dargebracht habe, dann werden auch die Risse geheilt werden. Linderndes Wasser wird das Land bedecken, wird neues Leben hervorbringen und auf ewig die uralten, rostigen Maschinen vergangener Erkenntnisse begraben. Auf diesen Wassern aber werde ich zu neuen Ufern segeln, die ich bisher nur in meiner Vorstellung sehe. Dort werden mich neue Visionen und neue wunderbare Möglichkeiten begeistern. Und ich werde mich endlich wieder als kreativer Entdecker dieser geheimnisvollen Welt fühlen. Aber im Augenblick kann ich nur abwarten. Es ist eine Sache von Vertrauen. Land in Sicht.

DRITTES KAPITEL

Der Raum ist nicht leer: Unsichtbare Felder bestimmen das Verhalten

«Obgleich wir eine ganze Menge darüber wissen, wie Felder die Welt, wie wir sie sehen, beeinflussen, so weiß in Wahrheit keiner so recht, was Felder sind. Am besten kann man sie bisher als räumliche Strukturen im Gewebe des Raumes selbst beschreiben.»

Michael Talbot

In Utah ist der Himmel weit — blau, offen und dramatisch. Er leuchtet über Bergspitzen und reicht mit kristallener Klarheit tief in die Täler hinein. Nachts stellt er sich sogar noch eindrucksvoller zur Schau. Nach einem langen Flug von Connecticut lag eine Freundin bis nach Mitternacht in einem Liegestuhl in unserem Garten und konnte den Blick nicht vom Himmel lösen. Sie gähnte vor Müdigkeit und konnte sich doch nicht abwenden. Die Sterne ließen sie nicht los. Auch für mich spielt der weite Raum hier mit dem unendlichen Himmel und seinen Sternen eine wichtige Rolle. Ich spüre, wie ich mich dieser Weite hingebe, wie sich meine Grenzen öffnen, wie sich mein Blick hebt und wie sich meine inneren Verteidigungsmechanismen lösen. Bei so viel Raum um sich herum kann man sich nur nach außen öffnen.

Raum ist fundamental für das Universum und ist reichlicher vorhanden als alles andere. Selbst auf atomarer Ebene, auf der wir alles klein und kompakt vermuten, gibt es hauptsächlich Raum. Innerhalb eines Atoms sind die subatomaren Teilchen so weit voneinander entfernt, daß es zu 99,999 Prozent als Raum bezeichnet werden kann. Alles, was wir berühren kön-

67

nen, einschließlich unseres eigenen Körpers, besteht aus diesen «leeren» Atomen. Wir sind also weitaus poröser, als wir auf Grund unserer festen Körper vermuten würden. Im Verhältnis gesehen, sind wir so leer wie der intergalaktische Raum (Chopra 1989, 96). In Newtons Universum hatte die Leere des Raums ein Gefühl unbeschreiblicher Einsamkeit zur Folge. Materieteilchen waren winzig und isoliert und bewegten sich tapfer auf ihrer einsamen Bahn durch den leeren Raum. Nur selten begegneten sie einander auf ihrem Weg über weite Abgründe, die sich in die Ewigkeit erstreckten. Diese Sicht des einsamen Universums hat über einen langen Zeitraum unser Menschenbild beeinflußt, hat existentielle Philosophien entstehen lassen, die den Sinn unseres Lebens als losgelöst von einem Sinngeber beschreiben, oder auch zur Verehrung von Helden in der amerikanischen Geschichte geführt, einsamen Kämpfern (sowohl in den Wildwest-Mythen als auch den Geschichten «vom Tellerwäscher zum Millionär»), die trotz widrigster Umstände Erfolg hatten. Veränderungen ließen sich in dieser offenen, einsamen Welt nur schwer durchführen. Man mußte dazu gewaltige Energien erzeugen, die große räumliche Abstände überwinden konnten, bis sie schließlich auf ein Objekt trafen, das sie zum Reagieren brachten. In Newtons Welt von Ursache und Wirkung, von Kraft und Gegenkraft, waren solche Anstrengungen notwendig. Nur große persönliche Energien konnten jemand anderen zum Handeln veranlassen, unendliche Räume mußten durchquert werden, damit etwas erledigt wurde. Das alles vermittelte nicht nur ein Gefühl der Einsamkeit, sondern war auch unglaublich anstrengend.

Raum in der Quantenwelt ist etwas ganz anderes. Er wird nicht mehr als einsame Leere definiert, sondern man nimmt heute an, daß Raum überall von Feldern durchzogen ist, von unsichtbaren nichtmateriellen Strukturen, die die Grundsubstanz unseres Universums darstellen. Wir können diese Felder nicht sehen, sondern nur ihre Wirkung beobachten. Durch sie können wir erklären, wie diese Wirkungen über große Entfernungen ausgelöst werden, mit ihrer Hilfe können wir verstehen, warum Veränderungen auftreten, ohne daß direktes materielles «Anstoßen» über den weiten Raum hinweg stattfindet.

Die Feldtheorie wurde als wissenschaftliche Denkweise auf mehreren Gebieten schon etliche Jahre vor der Quantenphysik entwickelt, und zwar als Versuch, Aktion auf Entfernung zu erklären. (Der Begriff *Feld* stammt aus der Heraldik und bezeichnet die Gesamtfläche eines Wappens.) Newton sprach als erster von einem Feld, nämlich dem der Schwerkraft. Nach seinem Modell hatte die Gravitation ihren Ursprung in einem Kraftzentrum, wie zum Beispiel dem Mittelpunkt der Erde, und breitete sich von da ausgehend in den Raum aus. Imaginäre Kraftlinien durchschnitten den Weltraum und zogen Objekte in Richtung Kraftzentrum, in diesem Fall die Erde. In Newtons Modell von der Gravitation ging eine Kraft von einem Ursprung aus und wirkte auf andere Kräfte ein.

Einstein hatte eine andere Sicht der Schwerkraft. In der Relativitätstheorie gibt Gravitation dem Raum Struktur. Objekte werden durch die Erde angezogen, weil Raum-Zeit sich krümmt als Reaktion auf Materie. Gravitation ist weniger eine Kraft als ein Medium, ist die unsichtbare Geometrie des Raumes.

In unserem täglichen Leben kommen wir auch mit anderen Feldern außer dem der Schwerkraft in Berührung. Man braucht nur Eisenspäne in die Nähe eines Magneten zu bringen. Auf Grund des unsichtbaren magnetischen Feldes bilden sich bestimmte Muster. Felder spielen auch jedesmal eine Rolle, wenn wir das Licht anschalten oder einen Stecker in die Steckdose stecken. In unseren modernen Elektrizitätswerken rotieren riesige Magneten und stellen so magnetische Felder her. Dadurch entstehen elektrische Felder, die wiederum den Fluß der Elektronen bewirken.

Felder werden je nach Theorie unterschiedlich erklärt. Das Gravitationsfeld wird als gekrümmte Struktur in der Raum-Zeit beschrieben. Elektromagnetische Felder bewirken Störungen, die sich als elektromagnetische Strahlungen manifestieren. Quantenfelder, wobei jedes Teilchen vielleicht sein eigenes Feld hat, bringen Teilchen hervor, wenn sich zwei Felder überschneiden. Aber nach jeder dieser Theorien sind Felder unsichtbare Strukturen, die einen bestimmten Raum einnehmen und die uns nur über ihre Auswirkungen bewußt werden (siehe Sheldrake 1981, 60; Wilczek und Devine 1988, 155–64; Zukav 1979, 199–200).

Die ersten Fortschritte in der Feldtheorie wurden gemacht, weil Naturwissenschaftler des neunzehnten Jahrhunderts wie Michael Faraday und James Maxwell sich weniger für bestimmte Teilchen als für den Raum interessierten. Intuitiv vermuteten sie, daß der Weltraum nicht leer ist, sondern, um es mit den Worten des modernen Physikers auszudrücken, «einen Überfluß an unsichtbaren, aber überaus wirkungsvollen Strukturen» enthält (Wilczek und Devine 1988, 156). Faraday und Maxwell veränderten ihre Betrachtungsweise ganz bewußt, so wie wir, wenn wir unseren Blick von einem nahen Objekt auf ein fernes richten. Sie waren die ersten, die uns auf ein Universum aufmerksam machten, wo alles ständig in Bewegung ist. Diese Verlagerung der Betrachtungsweise auf ein anderes Ziel hin war außerordentlich wichtig. Statt nur mit kleinen, sichtbaren, einzelnen Strukturen konnte man sich jetzt mit einer unsichtbaren Welt beschäftigen, die voll von bindenden Medien war.

Von dem Physiker Frank Wilczek und der Ingenieurin / Autorin Betsy Devine stammt das Bild, das uns den sichtbaren Einfluß unsichtbarer Felder verdeutlicht. Wenn wir Fische beobachteten und nichts von dem Wasser wüßten, in dem sie schwimmen, würden wir wahrscheinlich nach Erklärungen suchen, warum sie einander in ihren Bewegungen beeinflussen. Wenn ein Fisch an einem anderen vorbeischwimmt und der zweite daraufhin von seiner Richtung kurz abweicht, dann könnten wir daraus schließen, daß der erste Fisch auf den zweiten eine Kraft ausübt. Wenn wir aber feststellen, daß alle Fische regelmäßig auf die gleiche Weise von ihrer Richtung abweichen, dann könnten wir vermuten, daß ein anderes, unsichtbares Me-

70

dium ihre Bewegungen beeinflußt. Wir können diese Hypothese testen, indem wir das Wasser willkürlich bewegen und die Reaktionen der Fische auf die Störung beobachten. Der Raum, der überall vorhanden ist, im kleinsten Atom und im weiten Himmel, ist mit diesem Ozean zu vergleichen. Er ist von Feldern durchzogen, die Einflüsse ausüben und Materie Gestalt geben. Die Quantenwelt ist verwirrend und verführerisch zugleich, und das gilt auch für Felder. Sie sind, wie es der Biologe Rupert Sheldrake ausdrückt, «unsichtbar, nicht greifbar, ohne Geschmack und geruchlos» (1981, 72). Häufig lassen sie sich mit unseren fünf Sinnen nicht erfassen. Und dennoch sind sie in der Quantentheorie so wirklich wie Teilchen. Sie sind, wie Gary Zukav sagt, die Substanz des Universums. Das, was wir in Experimenten beobachten, nämlich die physikalische Manifestation von Materie als Teilchen, ist ein sekundärer Effekt der Felder. Teilchen können entstehen, oft nur sehr vorübergehend, wenn sich zwei Felder überschneiden, und zwar am Schnittpunkt, wo die Energien der Felder aufeinandertreffen. Teilchen entstehen und vergehen wie Verwandlungskünstler wegen der ständigen Wechselwirkung verschiedener Felder aufeinander. Wir sprechen zwar von Teilchen als den Grundbausteinen der Materie, aber in Wirklichkeit sind sie häufig sehr flüchtig, sind faßbar und als Materie zu messen nur in den kurzen Augenblicken eines Zusammentreffens. Das führt zu einer scheinbar widersprüchlichen Erkenntnis: Stoffliche Wirklichkeit ist nicht nur Materie. Felder sind wirklich, aber keine Materie.

Dieses Paradoxon führt uns in wichtiges Neuland und aus unserem dinglichen Denken heraus, fort von der Vorstellung, daß das Universum aus Teilen besteht, die notdürftig durch energetische Kräfte miteinander verbunden sind. Das Konzept der Felder regt uns dazu an, das Universum eher mit einem Ozean zu vergleichen, wo einander durchdringende Einflüsse und unsichtbare, miteinander verbundene Strukturen eine wichtige Rolle spielen. Eine solche Sichtweise billigt dem Universum viel mehr Möglichkeiten zu; in dieser Welt der Felder gibt es überall Aktionspotentiale, nämlich jeweils da, wo sich zwei Felder begegnen. «Das Newtonsche Bild einer Welt, in der sich viele, viele Teilchen befinden, die alle unabhängig voneinander existieren, ist durch das Bild eines Universums ersetzt worden, das aus vielen Feldern besteht und mit einigen aktiven Medien durchsetzt ist. Wir leben inmitten vieler, einander durchdringender Felder, von denen jedes Raum einnimmt. Die Gesetze der Bewegung gleichen in der Sprache der Feldtheorie den Gesetzen, die für die Strömungen in diesem Ozean gelten. Und, um bei diesem Bild zu bleiben, die Regeln der Transformation sagen uns, welche... Reaktionen zwischen den Komponenten des ozeanischen Universums stattfinden.» (Wilczek und Devine 1988, 163)

Sheldrake hat ein faszinierendes Konzept von der Rolle der Felder in der Biologie aufgestellt. Er hat postuliert, daß es morphogenetische Felder gibt, die das Verhalten der Arten bestimmen. Ein solches Feld hat wenig Energie, kann aber Energie aus einer anderen Quelle aufnehmen und formen. Das Feld übt einen geometrischen Einfluß aus und formt das Verhalten. Morphogenetische Felder werden durch die akkumulierten Verhaltensweisen der Mitglieder einer Art aufgebaut (Sheldrake 1981, 60). Nachdem ein bestimmter Prozentsatz der Art ein Verhalten erlernt hat, wie zum Beispiel Fahrradfahren, werden andere Artverwandte diese Fähigkeit leichter erlernen. Die Form befindet sich im morphogenetischen Feld, und wenn sich individuelle Energie damit verbindet, wird das Verhalten automatisch geformt, ohne daß die Fähigkeit mühsam erlernt werden muß. Diese Felder, sagt Bohm, stellen «eine Qualität der Form» zur Verfügung, «die durch die Energie des Empfängers übernommen werden kann» (in: Talbot 1987, 68; siehe ebenfalls Sheldrake 1988).

Es ist ausgesprochen stimulierend, die Feldtheorie auf Unternehmen und ihre Angestellten anzuwenden. Wir können uns zum Beispiel organisatorischen Raum als von Feldern durchzogen vorstellen, wobei die Angestellten die Wellen der

Energie darstellen, die sich in die verschiedenen Regionen der Organisation ausbreiten und an Potential zunehmen. Wie können wir diese Energie anzapfen? Wie können wir die Energie der Angestellten möglichst zuverlässig in ein sichtbares Verhalten zugunsten der Organisation verwandeln? In einer mit Feldern durchdrungenen Welt ist die Antwort klar: Die Angestellten treffen auf andere Felder. Ob es sich um ein Energiefeld handelt oder eine bestimmte Manifestation von Form, die Mitarbeiter müssen darauf treffen, damit sich ein Verhalten zeigt. Der Raum ist nicht leer. Unsichtbare Energien beeinflussen die Art und Weise, wie wir uns manifestieren. Und die Frage ist jetzt: Was sind die Felder bei Organisationen?

Bevor ich eine Antwort vorschlage, möchte ich anmerken, daß wir schon dabei sind, ein neues Bewußtsein von organisatorischem Raum zu entwickeln. Ich hörte neulich, wie der Geschäftsführer einer Versicherung seine kürzlich reorganisierte Firma beschrieb. Mit immer größeren Möglichkeiten elektronischer Verbindungen, sagte er, «wird der Raum unsichtbar elektronisch vernetzt sein, wodurch jeder Punkt auf dem Erdball zu erreichen ist». Die Welt der Computer hat ebenfalls neue Vorstellungen durch den Begriff *Cyberspace* hervorgebracht, der den uns umgebenden Raum, voll von Informationen, bezeichnet, die wir uns elektronisch zugänglich machen können. Elektronisch zur Verfügung gestellte Informationen von überall her, unsichtbar, aber wesentlich, fließen über die Ätherwellen und sind für jeden da. Durch sie wird der Raum, der uns umgibt, zu so etwas wie einem aktiven «Mitglied» unserer Organisationen. Aber es wird Zeit, auch über die Feldqualitäten von organisatorischem Raum nachzudenken.

Eine ganze Generation von Führungskräften hat sich auf viele der geistigen Qualitäten von Unternehmen konzentriert, auf kulturelle Aspekte, Werte, Visionen und ethische Überlegungen. All das beschreibt *Eigenschaften* im Leben einer Organisation, deren Vorhandensein oder Fehlen wir zwar registrieren können, die sich aber im Detail nicht festlegen lassen. Als ich vor kurzem für eine Ladenkette eine Untersuchung zum Thema Kundendienst zu machen hatte, bat ich die Angestellten, verschiedene Filialen der Kette aufzusuchen. Nach ein paar Tagen trafen wir uns wieder und sprachen über unsere Erfahrungen. Wir waren uns alle darüber einig, daß wir schon beim Betreten eines Geschäfts fühlen konnten, ob hier auf Kundendienst Wert gelegt wurde. Wir versuchten herauszubekommen, was diesen ersten Eindruck wohl prägte. Waren es visuelle Hinweise, die Art und Weise, wie die Ware ausgestellt war, der Gesichtsausdruck der Angestellten? Keiner von uns konnte erklären, warum man schon beim Betreten des Geschäfts absolut sicher war, daß man zuvorkommend behandelt würde. Irgend etwas anderes lag in der Luft, etwas spielte sich ab, wir konnten es spüren, wir konnten nur nicht beschreiben, *was* es war.

Ich glaube, daß die Feldtheorie für diese und viele andere organisatorische Rätsel eine einleuchtende Erklärung anbietet. Die Vorstellung von organisatorischen Feldern ist auf der einen Seite zwar metaphorisch, ist nur ein interessantes Konzept, mit dem sich spielen läßt. Aber je länger ich darüber nachdenke, desto wahrscheinlicher erscheint es mir, daß es in Organisationen tatsächlich so etwas wie Felder gibt. Ich kann mir gut vorstellen, daß ein unsichtbares Kundendienst-Feld die Ladengeschäfte durchdringt, die wir uns angesehen haben, ein Feld, das die Aktivitäten der Angestellten strukturiert und das ein angemessenes Verhalten dem Kunden gegenüber bewirkt, wenn die Energie eines Angestellten sich mit diesem Feld überschneidet. Selbstverständlich ist dieses Feld nicht einfach durch die Tür hineingeweht, das Kundendienst-Feld wurde nicht vom Kosmos geschaffen. Jedes dieser Geschäfte hatte einen Manager, der sich zusammen mit seinen Mitarbeitern die Zeit genommen hatte, klare Vorstellungen zu entwickeln, wie der Kunde zu behandeln sei. Diese eindeutige Einstellung zum Kundendienst war überall im Raum zu spüren. Und bei einem Feld, das so unmißverständlich Struktur gab, waren bestimmte Verhaltensweisen der Angestellten und die richtige Behandlung der Kunden garantiert.

Es handelt sich hier nicht um Hirngespinste. Die Feldtheorie kann uns auf mehrere Weisen zeigen, wie die mehr amorphe Seite einer Organisation zu managen ist. Visionen zum Beispiel, deutliche Vorstellungen davon, welchen Zweck eine Organisation hat und in welche Richtung sie sich entwickeln sollte, sind für feldtheoretische Überlegungen wunderbar geeignet. Im linearen Denken definieren wir Visionen als Überlegungen, wie die Zukunft aussehen mag, wir schaffen ein *Ziel* für unsere Organisation. Wir glauben, daß wir ein möglichst deutliches Bild von der Zukunft haben müssen, damit unser zukünftiges Ziel sozusagen in die Gegenwart übergreift und uns in den gewünschten zukünftigen Zustand ziehen kann. Hier kommen wieder Newtons Vorstellungen zum Tragen, wir glauben, daß die Vision von der Zukunft eine Kraft auf uns ausüben kann wie die Schwerkraft. Was wäre aber, wenn wir die Dinge mit den Augen der Neuen Wissenschaft sähen und Vision als ein Feld empfänden? Was, wenn wir überzeugt wären, daß ein Visions-Feld den organisatorischen Raum durchdringt, und was, wenn wir uns nicht mehr daran festhielten, daß Visionen linear auf ein Ziel ausgerichtet sein müssen?

Wenn Vision von der Zukunft ein Feld *ist*, wie könnte man dann ein solches Feld erzeugen? Am besten wäre es, wenn dieses Feld das gesamte Unternehmen durchdringen würde und wir so seine formativen Eigenschaften nützen könnten. Jeder Mitarbeiter, der mit dem Feld in Kontakt kommt, würde davon beeinflußt. Sein Verhalten würde als Folge dieser «Feld-Kontakte» geformt, bei denen seine Energie sich mit der Feldstruktur verbindet und ein Verhalten bewirkt, das den Zielen der Organisation entspricht. In organisatorischen Bereichen, in denen das Feld noch nicht vorhanden ist, können wir das gewünschte Verhalten nicht erwarten. Wenn das Feld diesen Raum noch nicht durchdrungen hat, gibt es nichts, was bestimmte Verhaltensweisen hervorrufen kann, keine unsichtbare Geometrie arbeitet dort für uns.

Vor ein paar Jahren wurde die Mülleimer-Metapher bei

unserer Vorstellung von Organisationen modern. Dabei wurde die Organisation als Raum betrachtet, in dem dauernd eine Vielzahl von Menschen, Lösungen, Möglichkeiten und Problemen durcheinanderwirbeln, die hin und wieder zusammentreffen und an dieser Stelle eine Entscheidung bewirken. «Eine Organisation ist eine Sammlung von Lösungsmöglichkeiten, die nach Problemen suchen, von Meinungen und Gefühlen, die auf entscheidende Situationen warten, in denen sie geäußert werden können, von Antworten, die nach Fragen suchen, und von Entscheidungswilligen, die nach Aufgaben suchen.» (Cohen, March und Olsen 1974)

Eine solche Vorstellung von Organisationen liegt ganz in der Newtonschen Tradition. Einzelne Teile wandern ziellos umher, fliegen in unerwartete Richtungen, stoßen zusammen oder meiden einander. Hier handelt es sich um eine Art organisatorischer Anarchie, bei der nur hin und wieder zufällig etwas Sinnvolles geschieht. An dieser Metapher hat man jahrelang festgehalten, weil sie zu unseren Erfahrungen mit chaotischen und irrationalen organisatorischen Kräften nur allzu gut paßte. Die Aufgabe, Ordnung in den Mülltonnen zu machen, Struktur und Klarheit zu schaffen, scheint erdrückend.

Mit einer durch die Quantenlehre geprägten Weltsicht aber gibt es neue Möglichkeiten, Ordnung zu schaffen. Organisatorische Räume können von der unsichtbaren Geometrie der Felder durchdrungen werden. Felder sind überall gleichzeitig und können entfernte, einzelne Aktionen verbinden. Da Felder Verhalten beeinflussen können, ist es ihnen möglich, separate Ereignisse zusammenzuhalten und zu organisieren.

Welche Macht haben Felder in einer Organisation? Wir wissen heute, daß für die Funktion eines Unternehmens der es umgebende Kulturkreis, Visionen und Wertvorstellungen außerordentlich wichtig sind, und sind damit der Einstellung, daß diese «Felder» eine bedeutende Rolle in unserer Wirklichkeit spielen, schon näher gekommen. Eine solche Haltung hat positive Folgen, selbst wenn wir in unseren Bemühungen noch unsi-

cher sind. Robert Haas, Vizepräsident von Levi Strauss & Co.,
nennt dieses Phänomen «Konzept-Kontrollen… Die Konzepte,
die einem Geschäft zugrunde liegen, üben die Kontrolle aus und
nicht irgendein Manager mit Autorität.» (in: Howard 1990, 134)
Wenn wir diese Konzepte als Felder betrachten, können wir
meiner Meinung nach besser verstehen, warum sie als Kontrolle
so erfolgreich sind. Aber es hat zur Folge, daß wir unsere Aufmerksamkeit grundsätzlich auf etwas anderes richten müssen.

Wenn Felder in einem Unternehmen eine wichtige Rolle
spielen, dann braucht man zwar auch eine klare Vorstellung von
Werten und Visionen, aber damit allein ist es noch nicht getan.
Erst durch die Verbreitung dieser Vorstellungen entsteht das
Feld, das das gesamte Unternehmen durchdringen, jeden involvieren und allen zugänglich sein muß. Zielvorstellungen dürfen
nicht mehr nur auf getippten Blättern an der Wand hängen, sondern müssen über das Feld verteilt werden, müssen jedem Chef
und jedem Mitarbeiter des Unternehmens vertraut sein. Wir haben uns in der Vergangenheit vielleicht als fähige Konstrukteure
gesehen, die ein Unternehmen aus Einzelteilen aufbauten, haben viel Energie damit verbraucht, mühsam Verbindungen zwischen den verschiedenen Teilen herzustellen. Jetzt aber müssen
wir uns eher als Sender empfinden, der überall seine Informationen verbreitet. Jeder einzelne wird dabei gebraucht, muß seine
Meinung kundtun, Dinge erklären, diskutieren, Modelle aufstellen – und der gesamte Raum wird von den Botschaften durchdrungen sein, auf die es uns ankommt. Erst dann werden sich
Felder entwickeln, die der Energie Gestalt geben.

Das Erzeugen von Feldern ist nicht nur die Aufgabe der
Führungskräfte, sondern ebenso die eines jeden Mitarbeiters. In
einem von Feldern erfüllten Raum gibt es keine unwichtigen
Mitspieler. Sheldrakes morphogenetische Felder wachsen und
entwickeln Form, wenn der einzelne neue Fähigkeiten und zu-
sätzliches Wissen erwirbt. Diese Felder verändern Gehalt und
Gestalt auf Grund von individueller Aktivität. Wir werden dabei an die Erkenntnisse des Unternehmensberaters Peter Senge

erinnert, Visionen einer Organisation entstünden aus den Visionen der einzelnen Mitglieder und ständigen Interaktionen (1990, 212).

In der Natur können Felder, die einmal entstanden sind, bestehen bleiben, selbst wenn das, was sie hervorbrachte, nicht mehr existiert. Diese Eigenschaft ist zugleich beruhigend und gefährlich, wenn wir an organisatorische Felder denken. Wenn wir diese Felder nämlich erst einmal geschaffen haben, dann werden sie auch bestehen bleiben und unter Umständen mehr Einfluß ausüben, als uns lieb ist.

Wir müssen also bei der Schaffung der Felder mit sehr viel Sorgfalt vorgehen, denn Felder geben unseren Worten ihre Bedeutung. Wenn wir uns nicht die Mühe gemacht und ein Feld aus kohärenten und ernsthaften Zielvorstellungen geschaffen haben, dann werden unsere Mitarbeiter mit anderen Feldern in Berührung kommen, die wir leichtfertig oder unabsichtlich hervorgerufen haben. Wir müssen uns immer daran erinnern, daß Raum niemals leer ist. Wenn wir ihn nicht mit sinnvollen Botschaften anfüllen, wenn wir etwas sagen, aber etwas anderes tun, dann verbreiten wir Dissonanzen im Raum unseres Unternehmens. Unsere Mitarbeiter stoßen mit einander widersprechenden Feldern zusammen und zeigen in ihrem Verhalten ebendiese Widersprüche. Und wir erleben das, was in vielen Unternehmen die Norm ist: eine Mischung verschiedener Verhaltensweisen, Mitarbeiter, die auf die unterschiedlichste Weise versuchen, das Richtige zu tun, ohne daß es ein klares Muster gibt, nach dem sie sich richten können. Ohne ein kohärentes, allgegenwärtiges Feld können wir auch kein kohärentes Verhalten innerhalb des Unternehmens erwarten. Wenn wir es nicht fertigbringen, konsequente Botschaften zu verbreiten, wenn unsere Handlungen nicht mit unseren Worten übereinstimmen, dann verlieren wir nicht nur unsere persönliche Integrität. Wir verlieren als Partner den an Feldern reichen Raum, der Form und Ordnung in unser Unternehmen bringen kann.

Hierin liegt eine gewisse Ironie. Wir sind gemeinhin abgeschreckt, wenn uns jemand von der Notwendigkeit überzeugen will, als Führungskräfte mehr Gewicht auf Visionen und Werte zu legen als auf traditionelle Autorität. Solchen Unternehmen scheinen Kontrollen durch das Management zu fehlen, die Ordnung garantieren. Werte, Visionen, Ethik, all das ist für viele zu abstrakt, zu lasch, um als Werkzeug für das Management zu dienen. Wie können solche Methoden die Ordnung schaffen, nach der wir uns angesichts des uns umgebenden Chaos so sehnen? In Newtons Welt war eine solche Angst berechtigt, denn hier gab es nur einzelne Teile, die in alle Richtungen flogen. Wenn wir aber über Newton hinausgehen und uns neuen Vorstellungen öffnen, dann wird uns eine Welt offenbar, in der Ordnung subtilere, aber wichtigere Formen annimmt.

Was wäre, wenn wir still an der Krümmung des Raumes entlanggleiten und bis in seine entferntesten Bereiche vordringen könnten? Und wenn wir dort auf magische Weise plötzlich die unsichtbare Welt wahrnehmen würden? Wir würden eine Vielzahl von Strukturen erkennen – potentielle Strukturen, gerade entstehende Strukturen –, und wir würden aufhören zu zweifeln. Früher brauchten wir sichtbare Dinge, greifbare Strukturen, um uns sicher zu fühlen. Jetzt ist es an der Zeit, das Unsichtbare zu akzeptieren. In einer Welt, in der Materie immateriell sein kann, wo alles aus Substanz besteht, die wir nicht sehen können, warum sollten wir uns da nicht auf Felder einlassen? Wenn wir diesen kleinen Schritt ins Unbekannte wagen, wird uns der weite Raum voller Möglichkeiten zur Verfügung stehen.

VIERTES KAPITEL

Das partizipierende Sein des Universums

«Wenn es eine Welt gibt, die objektiv gesehen nicht greifbar und vorhanden ist, bevor ich in Erscheinung trete, was ist sie dann? Die beste Antwort darauf ist wohl folgende: Die Welt ist nur ein Potential und nicht präsent, wenn du oder ich sie nicht beobachten können. Sie ist also im Grunde eine Geisterwelt, die jedesmal dann greifbar wirklich wird, wenn einer von uns sie beobachtet. Die vielen Vorgänge in der Welt sind potentiell vorhanden, haben die Fähigkeit, wirklich zu sein, können aber erst gesehen oder empfunden werden, wenn einer von uns sie sieht oder empfindet.»

Fred Allen Wolf

Schrödingers Katze stellt ein klassisches Denkproblem in der Quantenphysik dar. Der österreichische Physiker Erwin Schrödinger konstruierte dieses Problem 1935, um zu illustrieren, daß in der Quantenwelt nichts wirklich ist. Wir können nicht wissen, wem was passiert, wenn wir es nicht selbst beobachten, und, was noch merkwürdiger ist, es ist erst etwas geschehen, wenn wir es beobachten. Zohar schrieb, das Zentrum der Quantenwelt sei der Grundsatz, daß «unbeobachtete Quantenphänomene vollkommen anders sind als beobachtete» (1990, 41).

Das Katzenproblem ist noch nicht gelöst worden. Es handelt sich dabei um folgendes: Eine lebendige Katze wird in einen Käfig gesteckt, durch dessen Wände man nicht hineinsehen kann. Dieser Faktor ist entscheidend, da es bei dem Problem auf die Rolle des Beobachters ankommt, Realität zu schaffen. Ein Schalter wird der Katze entweder Futter oder Gift zugänglich machen, wobei die Wahrscheinlichkeit, daß das eine oder das andere geschieht, fünfzig Prozent beträgt. Eine gewisse Zeitspanne vergeht, der Schalter wird betätigt, das Schicksal der Katze nimmt seinen Lauf.

Aber ist das wahr? Genau wie ein Elektron Welle *und* Partikel ist, bis wir durch unsere Beobachtung es entweder zur Welle oder zum Partikel machen, so, behauptet Schrödinger, ist auch die Katze beides, lebendig *und* tot, bis wir den Käfig öffnen und nachsehen. Verborgen im Käfig besteht die Katze nur als Wahrscheinlichkeitswelle. Man kann zwar mathematisch (als Schrödingersche Wellenfunktion) alle möglichen Zustände der Katze berechnen. Aber man kann erst sagen, ob die Katze lebendig oder tot ist, wenn man sie sieht. Der Akt des Beobachtens selbst bestimmt den Zusammenbruch der Wellenfunktion der Katze und läßt sie entweder tot oder lebendig sein. Bevor wir einen Blick in den Käfig werfen, existiert die Katze nur als Wahrscheinlichkeiten. Unsere Neugier erst besiegelt ihr Schicksal.

Ich habe noch niemals die Quantenlogik von Schrödingers Katzenproblem begriffen, aber ich habe es einfach durch mein Bewußtsein ziehen lassen, ohne mir darüber Gedanken zu machen, daß die Behauptungen des Problems eigentlich dem intuitiven Wissen zuwiderlaufen. Die Möglichkeiten dieser Idee aber nahmen unbeobachtet wie eine Wellenfunktion zu, bis sie mir eines Tages nach Quantenart plötzlich bewußt wurden und ich einen Augenblick konkreter Erkenntnis erlebte. Mir wurde plötzlich klar, daß jedes Unternehmen, mit dem ich zu tun hatte, mit der Welt von Schrödingers Katze zu vergleichen ist. Jedes dieser Unternehmen hatte Millionen von Käfigen, die auf endlosen Listen, Grafiken und Memos aufgeführt waren. In jeder dieser Schachteln lag eine «Katze», ein Mensch voller Potential, dessen Schicksal immer und unwiderruflich vom Akt des Beobachters abhing.

Man spricht häufig von sich selbst bewahrheitenden Vorhersagen und von ihrem Einfluß auf die Menschen, für die wir verantwortlich sind. Wenn einem Manager gesagt wird, ein neuer Trainee sei besonders begabt, dann wird er jedes Wort, das der Neue äußert, für genial halten. Wenn man ihm dagegen mitgeteilt hat, der Neue sei ein wenig schwer von Begriff, dann wird er auch eine ausgesprochen brillante Idee des Neuen mißtrauisch betrachten und für nicht durchdacht oder konfus halten. Aus Untersuchungen über den Einfluß von günstigen Gelegenheiten in Unternehmen (Kanter 1977) wissen wir, daß die «Gesegneten» in einem Unternehmen, die Überflieger, die schnell aufsteigen, nur so schnell so weit kommen, weil wir sie als erfolgreich sehen *wollen*. Wir lesen viel mehr in ihre Worte und Vorschläge hinein. Wir geben ihnen häufiger eine Chance, öffnen ihnen den Zugang zu Informationen und vertrauen ihnen wichtige Aufgaben an. Wir haben uns schon entschieden, daß sie Erfolg haben werden, und wir sehen sie nun nur in dem Licht unserer Erwartungen.

Andere Mitglieder der Organisation dagegen werden gar nicht erst wahrgenommen, sie sind unwiderruflich unsichtbar. Auch sie stecken voller Möglichkeiten, was aber keiner sehen will. Oder man blickt sie kurz abschätzig an, entscheidet, daß mit ihnen nichts los ist, und schiebt sie in Aufgabenbereiche ab, wo sie ihre vielen Fähigkeiten nicht zeigen können. In der Quantenwelt ist nur das real, was man sehen kann. In unseren menschlichen Organisationen spielen wir täglich mit Schrödingers Katze, entscheiden wir täglich über unser aller Schicksal, über Tod und Leben, und zwar durch die Art und Weise, wie wir einander sehen. Es sind also nicht nur die Quantenphysiker, die sich mit den Rätseln der Beobachtung herumschlagen müssen. Das Problem des Wahrnehmens ist ein ebenso großes Dilemma auch für uns.

Die Bedeutung der Beobachtung hat dazu geführt, daß die Wissenschaftler in der Quantenphysik verschiedene Richtungen eingeschlagen haben, um die Rolle des Bewußtseins zu bestimmen. Ist es das Bewußtsein, das die Welt erst heraufbeschwört? Gibt es so etwas wie eine Wirklichkeit, die unabhängig vom Beobachten besteht? Diese Fragen entstanden nicht aus einem plötzlichen philosophischen Interesse der Physiker heraus, sondern sind eine Folge von Experimenten in der Quantenphysik. Das Doppelspalt(double-slit-)-Experiment wird häufig herangezogen, um unter anderem die Rolle des Bewußtseins in der Quantenwelt zu illustrieren und zu erklären.

Einfach ausgedrückt geht es bei diesem Experiment darum, daß Elektronen (oder andere Elementarteilchen) durch eine von zwei Öffnungen (Spalten) in einem Schirm dringen müssen. Nachdem es eine dieser Spalten passiert hat, landet das Elektron auf einer Platte, wo sein Auftreffen registriert wird. Ein einzelnes Elektron passiert nur eine der Öffnungen; sein Verhalten wird aber dadurch beeinflußt, ob zur Zeit seines Durchtritts eine oder beide Spalten auf dem Schirm offen sind. Wie alle Quantengebilde hat das Elektron zwei Identitäten, die einer Welle und die eines Teilchens. Wenn beide Spalten offen sind, dann verhält sich das Elektron wie eine Welle und zeigt das typische diffuse Muster einer Welle auf der Aufzeichnungsplatte. Wenn nur ein Spalt offen ist, dann zeigt das aufgezeichnete Muster, daß sich das Elektron als Teilchen verhalten hat.

Beim Passieren des Spalts verhält sich das Elektron, als «wüßte» es, ob die zweite Öffnung offen oder geschlossen ist. Es «weiß», was der Wissenschaftler messen möchte, und stellt sein Verhalten darauf ein. Wenn der Experimentator versucht, ihm «eine Falle zu stellen», und die Spalten in dem Augenblick öffnet und schließt, in dem sich das Elektron dem Schirm nähert, dann verhält sich das Elektron entsprechend dem Zustand der Spalten *zu dem Zeitpunkt*, an dem es die Öffnung passiert. (Für eine ausführliche Beschreibung dieses Experiments, siehe Gribbin 1984, 169–174.) Das Elektron «weiß» ebenfalls, ob der Experimentator zuschaut. Wenn der Aufzeichnungsapparat ausgestellt ist, verhält sich das Elektron anders, als wenn sein Durchtritt durch den Spalt registriert wird. Wenn das Elektron nicht beobachtet wird, existiert es nur als Welle von Wahrscheinlichkeiten; und wenn keiner zuschaut, «weiß selbst die Natur nicht, welche Spalte das Elektron passiert» (Gribbin 1984, 171).

Der amerikanische Physiker Richard Feynman nennt das Doppelspalt-Experiment die Basis der Quantentheorie. Da dabei nichts durch die klassische Physik erklärt werden kann, bezeichnet er diese Experimente als «das einzige Rätsel», als etwas, was alle «grundsätzlichen Merkwürdigkeiten der Quantenmechanik» enthält (in: Gribbin 1984, 164). Als physikalische Laien glauben wir vielleicht, daß wir das Geheimnis der Beobachtung und der Rolle des Beobachters leichter verstehen. Aber mir scheint, wir sollten uns etwas intensiver mit diesen Problemen beschäftigen und uns überlegen, wie unsere Sicht von Menschen und Ereignissen unsere Wirklichkeit bestimmt, mit der wir manchmal solche Schwierigkeiten haben.

Schrödingers Katze und das Problem der Beobachtung sind auch in unseren Unternehmen in vielerlei Gestalt zu finden. Der Physiker Fred Wolf, der in seinen Werken dem Laien die Quantenphysik zugänglich gemacht hat, sagt, daß «Wissen stört». Jedesmal, wenn wir etwas messen, greifen wir ein. Eine Quantenwellenfunktion beschreibt alle möglichen Zustände bis zu dem Zeitpunkt, an dem sie gemessen wird. Dann wird die Beschreibung auf einen einzigen Aspekt eingeengt, und welcher genau sich zeigt, wird hauptsächlich davon bestimmt, *was* wir messen wollen.

Der Physiker John Archibald Wheeler war ein eloquenter Verfechter der These eines partizipierenden Universums. In einem solchen Universum fördert die Aktion des Suchens nach einer bestimmten Information ihr Zutagetreten und verhindert gleichzeitig, daß wir noch für weitere Informationen empfänglich sind. Laut Wheeler ist das ganze Universum ein partizipierender Prozeß, bei dem wir nicht nur die Gegenwart mit unseren Beobachtungen schaffen, sondern auch die Vergangenheit. Die Existenz des Beobachters, der einem Vorgang zusieht, verleiht jeglichem Entstehen Realität (Gribbin 1984, 212). Wenn wir in einem Experiment einen bestimmten Aspekt beleuchten wollen, dann verlieren wir die Fähigkeit, andere zu erkennen. Jedes Messen läßt mehr Informationen verlorengehen, als gewonnen werden. Und ein Blick in den Käfig schließt unwiderruflich und auf ewig sämtliche anderen Möglichkeiten aus.

Die Meßschwierigkeiten in der Quantenwelt schaffen Managern außerordentliche Probleme. Wir sind geradezu süchtig nach Zahlen, fühlen unseren Unternehmen immer wieder ängstlich den Puls, indem wir Umfragen machen, monatliche Erfolgskurven zeichnen, vierteljährliche Berichte anfordern und jährliche Beurteilungen aufstellen. Die Erkenntnis, daß keine Meßmethode neutral sein kann, ist uns nur schwer zugänglich. Physiker nennen eine solche Erkenntnis *Kontextualismus*, das Wissen von der gegenseitigen Abhängigkeit der Dinge und ihrer Umgebung, die sie realisiert. Kontextualismus stellt ein paar wichtige Fragen. Wie können wir darauf vertrauen, daß wir die richtige Information erhalten, um eine intelligente Entscheidung zu fällen? Wie können wir wissen, welche Information die richtige ist? Wie können wir für weitere Informationen empfänglich bleiben und sie gegebenenfalls wieder hervorholen, nachdem sie auf der Suche nach der Information, die wir jetzt vor uns haben, verschüttet wurden?

In Unternehmen läßt man solche Fragen nur selten zu. Wir konzentrieren uns statt dessen auf einige Schlüsselindikatoren oder auf die Worte derjenigen, denen wir vertrauen. Wir machen uns mehr Gedanken um die Genauigkeit unserer Information und ihre präzise Analyse, als daß wir all den Informationen nachtrauern, die uns durch die Beschränkung auf die vor uns liegende verlorengegangen sind. Wir zapfen neue Quellen an, probieren neue Variablen aus, immer auf der Suche nach den uns noch fehlenden Daten und immer in der festen Überzeugung, daß sie «irgendwo» existieren und daß wir nur das richtige Werkzeug finden müssen, um sie zu erfassen. Wir glauben unverdrossen an Objektivität, an harte Fakten, an unumstößliche Zahlen. Wir haben die undeutliche, ungenaue Welt der Nichtobjektivität bisher gemieden, die durch kontextuelle Herangehensweise hervortritt.

Wie können wir jedoch ohne objektive Informationen

86

existieren? Wie können wir an die Informationen, die wir für unsere beruflichen Belange brauchen, herankommen, wenn die Welt wirklich nicht-objektiv ist? Ich glaube, die Antwort liegt in dem partizipierenden Sein des Universums. Wenn eine solche Partizipation ernsthaft betrieben wird, befreit sie uns von den Unsicherheiten und geisterhaften Eigenschaften der nicht-objektiven Welt, in der wir leben. Wir brauchen eine große Verbreitung von Informationen, Ansichten und Interpretationen, wenn wir die Welt verstehen wollen.

Lassen Sie mich eine Quanten-Interpretation entwickeln, warum Partizipation eine so wirksame organisatorische Strategie darstellt. Im traditionellen Modell eines Unternehmens überlassen wir die Interpretation von Informationen unseren Vorgesetzten oder bestimmten Experten. Auch wenn ihnen bewußt ist, daß sie bis zu einem gewissen Grade die Daten interpretieren, daß sie bestimmte Aspekte hervorheben und andere vernachlässigen, so ist ihnen nicht klar, wieviel potentielle Information sie allein durch den Akt der Beobachtung verlieren. Die Menschen, denen die Interpretation der Daten überlassen wurde, beachten in Wirklichkeit nur sehr wenige der Möglichkeiten, die in den Daten enthalten sind.

Stellen Sie sich bestimmte Daten einer Organisation als Wellenfunktion vor, die sich durch den Raum bewegt und immer mehr potentielle Interpretationen entwickelt. Wenn diese Welle auf nur einen Beobachter trifft, dann wird nur eine der Interpretationen wahrgenommen, nämlich die, die den Erwartungen dieses einen Beobachters entspricht. Alle anderen Möglichkeiten verschwinden von der Bildfläche und sind durch den Akt der Beobachtung verlorengegangen. Die so «ausgewählten» Daten, die schon durch den Prozeß der Beobachtung in ihrer potentiellen Bedeutung stark eingeschränkt sind, werden dann zusammengestellt und weitergegeben. Meistens wird die Information als objektiv bezeichnet, was sie nicht ist, und als vollständig, was auch unmöglich ist, wenn man bedenkt, wie viele Interpretationsmöglichkeiten schon verlorengegangen sind.

Überlegen Sie jetzt, was passiert, wenn, in Quantenspra-
che, die Informationswelle sich überall in der Organisation ausbreiten kann. Statt auf ein paar Interpretationen beschränkt zu
werden, wird diese Welle immer wieder auf die verschiedensten
Mitarbeiter des Unternehmens treffen. Bei jeder dieser Begegnungen zwischen Daten und Beobachter wird eine ganz spezifische Interpretation stattfinden. Anstatt also viele der Möglichkeiten zu verlieren, die in der Datenwelle enthalten sind, sorgt
die Vielzahl der Zusammentreffen dafür, daß viele verschiedene
Möglichkeiten deutlich werden. Das macht die Information insgesamt vollständiger, als wenn nur wenige Menschen Zugang zu
ihr hätten. Wenn eine Organisation viele Interpretationen zur
Verfügung hat, dann können sie diskutiert, miteinander vergli-
chen, zusammengefaßt und als Grundlage für Entscheidungen
verwendet werden. Ein solcher Prozeß muß dazu führen, daß jeder ein viel besseres Gefühl dafür bekommt, was abläuft und
was getan werden muß.

Je mehr Menschen sich in diesem partizipierenden Universum engagieren, desto besser können wir dann wohl auch
sein Potential nützen, und desto weiser werden wir. Um die Gei-
ster aus diesem unheimlichen Universum zu vertreiben, brauchen wir ein anderes Verhaltensmuster. Immer mehr Menschen
müssen aktiv teilnehmen und durch ihre Beobachtungskraft die
verschiedensten Bedeutungen sichtbar werden lassen. «Was wir
auch Wirklichkeit nennen», sagen Prigogine und Stengers, «wir
können sie nur durch eine aktive Konstruktion erfassen, an der
wir teilnehmen.» (1984, 293)

Die interessantesten und vielseitigsten beruflichen Ver-
anstaltungen der letzten Zeit waren für mich die «Futures
Search Conferences», Konferenzen, bei denen fünfzig bis siebzig
Menschen aus allen Bereichen des Unternehmens und aus exter-
nen Kundenkreisen intensiv zusammengearbeitet haben, um gemeinsam eine Vorstellung von der Vergangenheit, der Gegenwart und der Zukunft des Unternehmens zu entwickeln. Die
Vielfalt der Interpretationen und die vielschichtige Komplexität

der Zukunftsbilder, die dabei entwickelt wurden, haben mich davon überzeugt, daß Beobachtung und Erkenntnis Kräfte darstellen, die nur durch echte Teilhabe freigesetzt werden können. Bei diesen Konferenzen brechen Wellenfunktionen zusammen. So können alle möglichen merkwürdigen und wichtigen Interpretationen entstehen, weil Vertreter des gesamten Unternehmens in einem Raum versammelt sind, Informationen erfahren und weitergeben und über sich selbst und ihre Zukunft nachdenken (siehe Weisbord).

Das partizipierende Universum, in dem wir leben, hat auch mein Verständnis vertieft im Hinblick auf die Bedeutung von «ownership», ein Begriff, dessen Definition sich verändert hat. Wir verwenden heute diesen Ausdruck nicht nur, um die finanziellen Investitionen von Aktionären zu beschreiben, sondern wir sprechen von einer emotionellen Investition, die Arbeitnehmer in ihre Arbeit vornehmen sollten. Ownership beschreibt auch die persönliche Verbindung zu einem Unternehmen, das intensive Gefühl für eine Sache, das Menschen inspirieren kann. Eine wichtige und bewährte Maxime war und ist für mich immer, daß «Menschen das unterstützen, was sie selbst geschaffen haben». Ich habe zwar, wie jeder andere Unternehmensberater auch, immer wieder die Bedeutung der psychologischen Ownerships, also der Identifikation, gepredigt, sehe aber jetzt, daß das Quantenuniversum dieses Konzept noch unterstützt und sogar erklärt, *wodurch* wirkliche und greifbare Energiequellen geschaffen werden.

Wir wissen, daß sich Ownership, also die Identifikation mit einer Sache, am besten dadurch herstellen läßt, daß man den kreativen Prozeß denjenigen überläßt, die später auch für die Durchführung verantwortlich sind. Wir werden nie Erfolg haben, wenn wir die Mitarbeiter nur mit den endgültigen Planungen konfrontieren. Die Menschen werden sich nicht für etwas einsetzen, an dessen Entwicklung sie nicht beteiligt waren und das sie deshalb nicht als lebende, atmende Sache empfinden, mit der sie sich identifizieren können.

Und hier kann uns das Beobachtungsphänomen aus der Quantenphysik etwas lehren. Nach der Quantenlogik ist nicht zu erwarten, daß irgendein Plan oder ein Vorschlag für die Mitarbeiter zur praktischen Realität wird, wenn sie nicht die Möglichkeit gehabt haben, persönlich zu interagieren. Realität ist abhängig von dem Beobachtungsprozeß, von den Entscheidungen, die wir, die Beobachter, bezüglich dessen machen, was wir sehen werden. Die Wirklichkeit existiert nicht losgelöst von diesem Prozeß. Wir können also andere nicht von einer bestimmten Realität überzeugen, weil es in Wahrheit keine Wirklichkeit gibt, die man ihnen beschreiben könnte, wenn sie sie nicht selbst haben wahrnehmen können. Menschen können von der Realisierungsmöglichkeit eines Plans nur überzeugt werden, wenn sie mit ihm interagieren, wenn sie durch ihre individuellen Beobachtungsprozesse selbst den Plan von verschiedenen Seiten beleuchten können.

Was läuft nach Ihrer Erfahrung im allgemeinen ab, wenn Sie bestimmte Vorschläge durchsetzen wollen? Ich kann einen solchen Prozeß häufig selbst beobachten, wenn ich an Planungsbesprechungen teilnehme. Selbst wenn ein Plan hervorragend ist, wird ewig darüber diskutiert, wird er kritisiert, verworfen, wieder hervorgeholt und schließlich akzeptiert, und zwar beinahe immer in seiner ursprünglichen Form mit nur wenigen leichten Abänderungen. Alle Teilnehmer an der Besprechung müssen wie Wirtschaftler den Plan erst in allen Einzelheiten durchgehen, müssen ihn drehen und wenden, herausfinden, was darin verborgen ist, und mit all seinen Möglichkeiten spielen. An jedem Punkt dieser intensiven Beobachtung werden Ideen, Energien und Fähigkeiten offenbar und damit real. Alternative Einstellungen zur Realität werden laut, werden nachvollzogen, geprüft, abgelehnt oder akzeptiert. Nach einer Zeit lebhafter Diskussionen hört man auf, den Plan auseinanderzunehmen, und die Anwesenden lehnen sich zufrieden zurück, voller Energie und Engagement. Es ist aber der Partizipationsprozeß, der letzten Endes die gewünschte Arbeitsrealität schafft. Wie der

Physiker Fred Wolf sagt: «Nach den Regeln der Quantenmechanik können wir alles, was im Prinzip erlernbar ist, niemals gleichzeitig wissen und erleben... Eines ist allerdings klar, das Selbst ist wichtig für das, was als das Nicht-Selbst betrachtet wird.» (1989, 80–81)

Partizipation, Ownership, subjektive Daten, alles Erkenntnisse für mich als Unternehmensberaterin, die ich aus der Quantenphysik gewonnen habe und wörtlich oder metaphorisch anwende, bringen mich schnell an den eigentlichen Punkt: Das Quantenuniversum verwirklicht sich nur in einer Umgebung, die reich ist an Beziehungen. In der Quantenwelt geschieht nichts, sofern nicht etwas auf etwas anderes trifft. Real sind allein Bindungen und Begegnungen. Es geht darum, eine Welt zu schaffen, nicht, sie zu entdecken; ich realisiere sie erst durch meine Teilnahme an ihren vielen Interaktionen. Denn unsere Welt ist eine Welt der Prozesse, nicht eine Welt der Dinge.

Physiker haben einen Vorsprung vor uns, was die Orientierung in dieser neuen Welt der Prozesse angeht. Sie achten auf Aktionen und Interaktionen und weniger auf Dinge und werden so – im Sinne von Gary Zukavs großer Metapher von den Wu-Li-Meistern – Beobachter des Tanzes (1970). Wir aber sitzen in unseren Büros, sind von rigiden Strukturen abhängig, ertrinken in einer Datenflut, die täglich höher wird, und haben nur unsere eingefahrenen Interpretationsmöglichkeiten zur Verfügung. Wir müssen noch einen weiten Weg gehen, bevor wir uns auf die Tanzfläche begeben können. Wie eine ferne Zukunftsvision erscheint uns dieser Glauben an die Nichtobjektivität, die Erkenntnis, daß wir es sind, die die sogenannten Fakten zum Teil erst selbst schaffen, wie auch die Realität überhaupt.

Ich frage mich manchmal, wie wohl das Unternehmen der Zukunft aussehen wird. Wir müssen etwas entwerfen, was die Bürokratie ersetzt, wir müssen Organisationen schaffen, in denen Prozesse ihren Tanz mit unterschiedlicher Geschwindigkeit absolvieren dürfen, in denen Strukturen entstehen und wieder vergehen und so den notwendigen Prozeß unterstützen, damit etwas Gestalt gewinnt, was die erforderlichen Beziehungen unterstützt.

Physiker stehen vor einem ähnlichen Dilemma, wenn sie versuchen, Reaktionen zwischen «Dingen» graphisch darzustellen, die eigentlich erst zu Dingen werden, wenn sie miteinander eine Bindung eingehen. Es gibt verschiedene Möglichkeiten, Reaktionen aufzuzeichnen, bei denen Teilchen erscheinen, sich verändern und an der Entstehung neuer Teilchen beteiligt sind. In zwei Beispielen, Feynman-Diagrammen und S-Matrizen, konvergieren Linien von verschiedenen Punkten her und bilden neue Linien, die in andere Richtungen gehen. Das kunstvolle Gittermuster dieser Zeichnungen verstärkt noch die These, daß Teilchen am besten nicht als Objekte, sondern als Geschehnisse verstanden werden sollten, als zeitweilige Zustände in einem fortlaufenden Netzwerk von Reaktionen (siehe: Blasenkammer-Photographie von Teilchen-Interaktionen auf Bildtafel 1).

Obgleich ich die wissenschaftlichen Einzelheiten nicht ganz verstehe, haben mich doch einige Konzepte der S-Matrix-Diagramme fasziniert (das S steht für «Streuung»). Diese Diagramme zeigen einen Weg, Modelle über die dynamische Lebensdauer hochenergetischer Teilchen (Hadronen) aufzustellen und zu zeigen, wie die Hadronen sich in mehreren unterschiedlichen Formen manifestieren können, je nachdem, wieviel Energie zur Verfügung steht. Ich habe stundenlang auf diese Diagramme gestarrt und wußte, daß sie mich etwas über organisatorische Strukturen lehren können und außerdem Hinweise geben, wie vielleicht Rollen und Beziehungen innerhalb eines Unternehmens entworfen und betrachtet werden sollten (siehe Capra 1976, 1982; und Zukav 1979).

Das erste, was mich bei diesen Diagrammen faszinierte, war das Konzept der «Reaktionskanäle». In den Diagrammen konvergieren die Richtungslinien in einen Interaktionskreis, aus dem andere Linien austreten. Jede dieser Linien ist mit einem Teilchennamen verbunden, aber die Linien sollten nicht als Teilchen verstanden werden, nicht als Dinge, sondern als

92

*S-Matrix-Diagramme sind symbolhafte Bilder von Interaktionen sub-
atomarer Teilchen, die innerhalb eines bestimmten Bereichs stattfinden. Es sind graphische Darstellungen von Teilchen als Zwischenstadien in einem Netzwerk von Interaktionen, wo die Energie eines jeden
Teilchens sich mit anderen Energiequellen verbinden kann, um neue
Teilchen zu schaffen. Der allgemeine Bereich der Interaktion ist als
Kreis dargestellt. Die einzelnen Linien stellen keine Teilchen dar, sondern «Reaktionskanäle», durch die Energie fließt.*

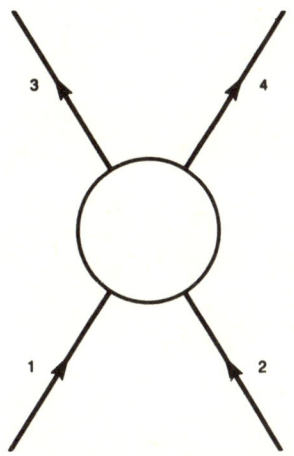

*Teilchen 1 und 2 treten in den Inter-
aktionsbereich (den Kreis) ein, und
Teilchen 3 und 4 treten aus ihm heraus. Diese Diagramme haben kein
Oben und Unten. Mit jeder Drehung
sind neue Kombinationen von Energien möglich, die sich als neue Teilchen zeigen.*

«Reaktionskanäle», in denen Energien zusammentreffen und
kurzfristig Gestalt annehmen. Mehrere verschiedene Teilchen
können in den Reaktionskanälen entstehen, je nachdem, wieviel
Energie bei den Interaktionen entsteht.

Es wäre ein geradezu sensationeller Durchbruch, wenn
wir die Linien in unseren üblichen Graphiken, die die verschiedenen Positionen und Funktionen innerhalb des Unternehmens
verbinden, als Reaktionskanäle interpretierten, als Bindungen,
an denen entlang Energie transferiert wird, um das Entstehen
von Neuem zu ermöglichen. Aber S-Matrizen erweitern mein
Denken noch zusätzlich und auf andere Weise, weil sie mich
zwingen, Menschen und ihre Funktionen nicht länger für unveränderlich zu halten.

Ein «Neutron» ist hier ein Reaktionskanal, der durch die kombinierten Energien eines Protons und eines negativen Pions gebildet werden kann.

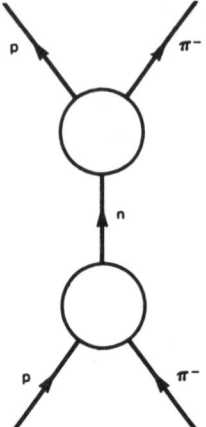

Mit mehr Energie könnte derselbe Neutronenkanal durch andere Teilchenkombinationen gebildet werden.

Dieses S-Matrix-Interaktionsnetzwerk illustriert den laufenden Energieaustausch, der sich kurzzeitig in verschiedenen Teilchen manifestiert. Teilchen existieren als Beziehungsmuster; sie können nur im Verhältnis zueinander definiert werden. Es ist nicht möglich, die Reihenfolge ihrer Entstehung festzulegen; allein wichtig ist die Richtung und die Energiemenge, die bei jeder Interaktion zur Verfügung steht.

94

Ein Hadron ist durch seine Energie definiert und durch das Beziehungsnetz, über das es Energien austauscht. Das trifft auf alle subatomaren Teilchen zu, die, laut Capra «keine separaten Gebilde sind, sondern miteinander in Beziehung stehende Energiemuster in einem laufenden dynamischen Prozeß. Diese Muster ‹enthalten› einander nicht, sondern ‹involvieren› einander eher...» (1982, 94) Diese Teilchen werden als *Tendenz* beschrieben, an unterschiedlichen Reaktionen teilzunehmen, eine Definition, die die dynamischen Eigenschaften ihrer Existenz betont. Durch S-Matrix-Diagramme können Physiker (mathematisch) die Prozesse kontinuierlicher Transformation beschreiben, das Entstehen, den Zerfall und das Wiederentstehen in neuen Formationen, die die Hochenergieteilchen charakterisieren. Das Ergebnis ist ein interessantes Netzwerk von Interaktionen, eine Struktur der Prozesse und potentieller Verbindungen.

Wenn ich dieses Bild auf die Rollen und Verbindungen anwende, die im allgemeinen in traditionellen Organigrammen eines Unternehmens festgehalten sind, stellen sich mir Menschen innerhalb einer Organisation auf eine neue Art und Weise dar. Ich kann ihre Funktion oder ihren potentiellen Beitrag nicht mehr beschreiben, ohne das Netzwerk der Beziehungen untereinander und die Energie zu berücksichtigen, die für die ihnen zugeschriebene Aufgabe nötig ist. Ich kann einen Menschen nicht mehr allein auf Grund seiner Stellung innerhalb der Hierarchie der Organisation definieren. Ich muß in der Lage sein, eine bestimmte Art von Energiefluß als Konzept zu begreifen, die nötig ist, damit dieser Mensch die Aufgabe erfüllen kann. Wenn mir das gelingt, kann ich den Menschen als Reaktionskanal für organisatorische Energie betrachten, als Forum, an dem ausreichend Mittel zusammentreffen, um etwas zu bewirken. Ich habe jetzt eine ganz andere Sicht davon, was ich tun muß, um diesen Menschen zu fördern, und was notwendig ist, damit das ganze Unternehmen auf einer Energieebene arbeitet, die Transformationen möglich macht.

95

S-Matrix-Diagramme können gedreht werden, wodurch sich die Reaktionen der Teilchen aufeinander verändern. Es gibt kein Teilchen, das ein Grundelement darstellt oder das kausale Agens bildet. Jedes hat die Fähigkeit, mit jedem anderen zu interagieren und unterschiedliche Ergebnisse zu erbringen. Wird das Diagramm gedreht, verändern sich die Funktionen der verschiedenen Energien. Eine Kraft zum Beispiel, die eine Reaktion beeinflußt hat, kann jetzt, nach Drehung des Diagramms, zu einem Reaktionskanal werden, der durch andere Kräfte beeinflußt wird. Hierarchie und Beständigkeit sind nicht wichtig, sondern nur das Vorhandensein von Reaktionskanälen, damit ein Energieaustausch stattfinden kann.

Wäre es nicht interessant, eine Unternehmensstruktur nach S-Matrix-Diagrammen zu entwerfen? Ist es möglich, Funktionen nur geringfügig festzulegen und statt dessen das Schwergewicht auf Interaktionen und Energieaustausch zu legen? Jede Position innerhalb eines Unternehmens könnte sowohl als Reaktionskanal verstanden werden, in dem manches Gestalt (in diesem Fall spezifische Aufgaben oder Verantwortlichkeiten) annimmt, als auch als eine generative Kraft, die ihre Energie anderen zukommen lassen kann. In einer solchen Organisation würden wir bei unseren Planungen eher von notwendigen Interaktionen als von isolierten Individuen ausgehen. Wir müßten mehr über die Kapazität des Unternehmens wissen, Energie zum Fließen zu bringen, die Energie, die notwendig ist, um ein erwünschtes Ziel zu erreichen.

Um ein Diagramm von der transformativen Energie eines Unternehmens oder eines Projektes aufzustellen, müssen wir uns ein besseres Verständnis von den Faktoren aneignen, die für die Energie innerhalb eines Unternehmens verantwortlich sind, wie zum Beispiel Mitarbeiter, Zeit, Mittel, Ausbildung und Informationen. Wir sollten außerdem auch die relative Auswirkung all dieser Faktoren auf unsere gewünschten Ziele besser beurteilen lernen. Wenn wir zu einer solchen Sichtweise kommen, dann können wir auch Unternehmen schaffen, die sich auf

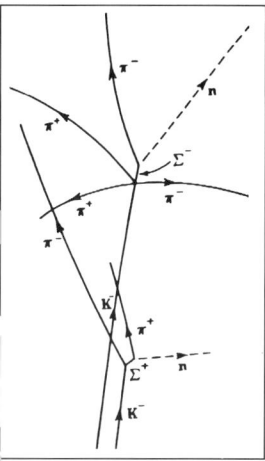

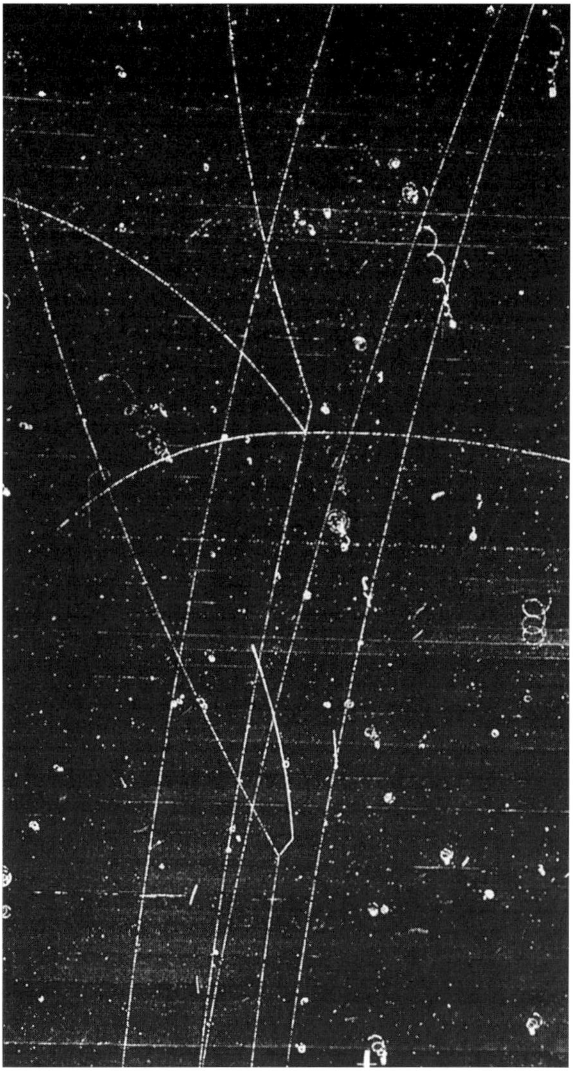

Lawrence Berkeley Laboratory.
University of California

Ein Strahl K-Mesonen tritt
in die Wasserstoffatmo-
sphäre der Blasenkammer
am unteren Rand des Pho-
tos ein. Zwei K-Mesonen
treffen auf Protonen (nicht
sichtbar), und in weniger
als einem Milliardstel einer
Sekunde entstehen durch
den Energieaustausch vier
Interaktionen, die 10 sichtbare Teilchen hervorbrin-
gen. Das negative K-Meson
(K⁻) unten rechts wird zu
einem Sigma-plus-Teilchen
(Σ⁺). Dieses Sigma-Teil-
chen wiederum verwandelt
sich in ein Neutron (n), das
dann rechts von der Abbil-
dung zerfällt, ein positives Pion (π^+) und ein negatives Pion (π^-), die ebenfalls beide zerfallen.

Das zweite K⁻-Meson entwickelt eine entgegengesetzte Ladung und verwandelt sich
beim Zusammentreffen mit einem Proton in ein positives Pion (π^+), zwei entgegengesetzte Pionen (π^+ und π^-) und ein negatives Sigma-Teilchen. Das Sigma-Teilchen zerfällt dann in ein Neutron und negatives Pion (π^-).

Die auf dem ganzen Photo verteilten Spiralen und Schnörkel sind zerfallende Teilchen,
höchstwahrscheinlich Elektronen. Mit dem Verlust ihrer Energie werden sie in das magnetische Feld der Kammer gezogen.

Fraktale Formen, die durch wiederholte Iterationen nichtlinearer Gleichungen entstehen, gibt es überall. Ihre Schönheit und ihre Vielseitigkeit hängen von zwei einander widersprechenden Prozessen ab: Die Gleichungen entwickeln sich vollkommen frei, ohne daß eine Vorhersage von einem Augenblick zum anderen möglich ist. Und dennoch wird die vorbestimmte endgültige Form durch die anfänglichen Parameter beschrieben.

Auch in immer stärkeren Verkleinerungen zeigt ein fraktales Objekt ein ähnliches Muster. In jedem fraktalen Objekt erkennen wir eine einfache organisierende Struktur, die unendliche Komplexität schafft.

Diese fraktalen Bilder von Julia-Mengen stellen die chaotischen und gleichzeitig geordneten Wanderungen einer einfachen, nichtlinearen Gleichung dar ($2_{n+1} = 2_{n2+c}$), die sich über Millionen von Iterationen entwickelte. Die Farbwerte werden vom Computer-

«Es war immer da... wartete nur darauf,
gesehen zu werden... Warum erscheinen
die Formen gerade da und nicht woan-
ders?... Sie überziehen die komplexe
Ebene wie Sterne und Galaxien, häufen
sich an in immer dichteren Ballungen, in
einer Unendlichkeit von Formen und
Schichten.»   Dan Kalikow

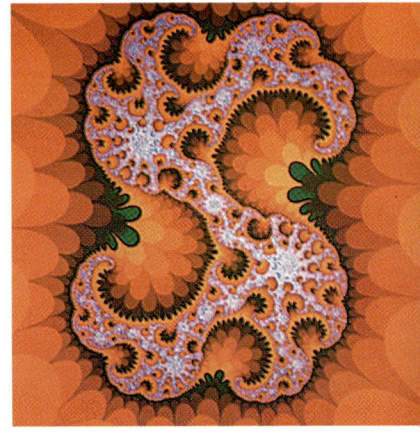

Ursprüngliches Fraktal

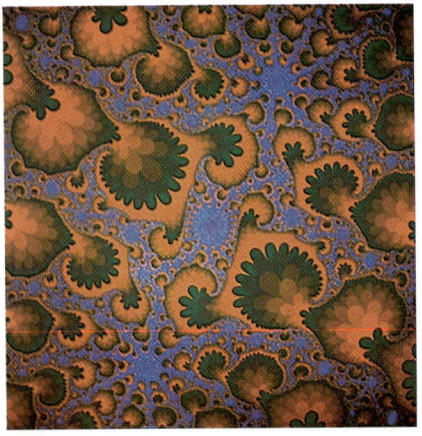

265fache Vergrößerung

Millionenfache Vergrößerung

programmierer so festgelegt, daß sie den verschiedenen Zahlenwerten entsprechen, die sich durch die Kalkulationen der Gleichung ergeben.

In dieser Serie aus sechs Photos dringen wir tiefer und tiefer in die Struktur des ursprünglichen fraktalen Objektes ein. Selbst bei einer Vergrößerung von einer Trillion, sind selbst-ähnliche Muster klar erkennbar. Wir haben es bei dieser Vergrößerung bewenden lassen, hätten aber noch mehr in die Tiefe gehen können. Wir hätten immer neue Regionen erforschen können, die aber immer die gleichen selbst-ähnlichen Formen gezeigt hätten.

Fraktale gestatten uns einen Blick in eine Unendlichkeit, die dennoch begrenzt ist. Sie zeigen, daß das Einfache, immer wieder auf sich selbst zurückgeführt, eine wunderschöne Komplexität hervorruft.

Photo: Lifesmith Classic Fractals

Milliardenfache Vergrößerung

40milliardenfache Vergrößerung

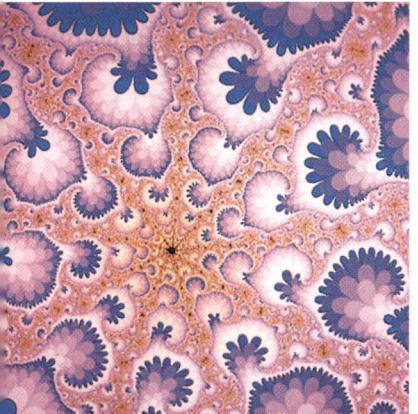

Billionenfache Vergrößerung

«In seiner tiefen Unendlichkeit sah ich gesammelt und durch Liebe zu einem Band gebunden die zerstreuten Blätter des gesamten Universums.»

Dante

Wolken entwickeln sich durch die Wiederholung ähnlicher Formen, und zwar in vielen verschiedenen Größen. Es ist faszinierend, die fraktalen Eigenschaften von Wolken aus einem Flugzeug zu beobachten.

Viele Pflanzen haben fraktale Eigenschaften. Die gesamte Form des Brokkolis kann zum Beispiel selbst in den einzelnen Teilen erkannt werden, aus denen ein Röschen sich zusammensetzt.

Wegen seiner fraktalen Eigenschaften kann man die Form eines Farns durch einen Computer zeichnen lassen, indem man ein paar Zahlenwerte verwendet, die die grundlegenden Dimensionen eines Farns beschreiben (affine Transformationen). Dieses ist das Chaos-Spiel, bei dem einfache Regeln zusammen mit dem Chaos eine vorhersagbare Ordnung ergeben.

Photo: Lifesmith Classic Fractals

Auf diesem Bild vom Grand Canyon kann man kleinere Canyons im Vordergrund erkennen. Landschaftsphotographen sind häufig davon fasziniert, wie sich Muster wiederholen, und photographieren deshalb gern fraktale Eigenschaften ihrer Motive.

Photo: Frank Jensen

Die Belousov-Zhabotinskii-Reaktion: In einer Petrischale beginnt die Reaktion oben links. Die Chemikalien reagieren auf die neue Information durch einen elementaren interaktiven Prozeß. Die Lösung bewegt sich vom Chaos in eine neue Ordnung, unten rechts.

Der Hurrikan Elena, von der Raumfähre Discovery aus gesehen, am 1. September 1985.
Die Schneckenform entsteht durch die Selbstorganisation massiver Energien in ein gewaltiges Wettersystem. Viele Galaxien zeigen eine ähnliche Spiralform. Diese gewaltigen Energiesysteme funktionieren nach demselben iterativen Modell wie die Belousov-Zhabotinskii-Reaktion.

Photo: National Weather Service

Tempel-Megalithen aus Tarxien auf Malta, zirka 3000 v. Chr.
Spiralförmige Muster sind in Kunstwerken auf der ganzen Erde zu finden, angefangen bei den Höhlenmalereien aus der Altsteinzeit. Nach Meinung des Psychoanalytikers C. G. Jung stellt die Spirale eine Urform dar, die tief in das kollektive Unterbewußtsein eingebettet ist. Aus den Spiralen auf diesem Tempelbild sprießen Blätter, was die Lebenskraft darstellt, die Teil ist des fortwährenden Tanzes von Chaos und Ordnung.

Photo: Marija Gimbutas

Dreiflügeliger Vogel: ein chaotischer seltsamer Attraktor. (Aus der Arbeit von Mario Markus und Benno Hess)

Photo: Max-Planck-Institut für molekulare Physiologie, Dortmund

fließenden Prozessen und Beziehungen aufbauen, Quantenorganisationen, die in diesem merkwürdigen Universum müheloser funktionieren könnten.

Heisenberg teilt die Welt der modernen Physik nicht «in verschiedene Gruppen von Objekten, sondern in verschiedene Gruppen von Verbindungen» auf. Was erkennbar und wichtig ist, sei die Art der Bindungen. In ebendieser Welt entwerfen und führen wir unsere Unternehmen, und es gibt zweifellos wichtige Ideenbilder aus der Physik, die unsere traditionellen Vorstellungen von Organisationen in Frage stellen.

Vielleicht fasele ich hier nur wie jemand, dessen Verstand durch den Versuch, Quantenphysik zu begreifen, verwirrt worden ist (wie alle Quantenphänomene). Aber wir sind dringend dazu aufgefordert, Organisationen aufzubauen, die der neuen Welt der Beziehungen entsprechen, einer Welt, in der wir die Wirklichkeit erst schaffen. Unsere alten Einstellungen hemmen uns. Sie halten uns davon ab, uns ganz diesem Universum voller Möglichkeiten zu widmen.

Wenn ich an all die Wellenfunktionen denke, die, reich an Potential, den Raum erfüllen, die mit ihrer Verbreitung immer mehr an Möglichkeiten zunehmen, dann frage ich mich, warum wir uns so schnell auf eine Idee oder eine Struktur oder eine Sichtweise beschränken oder an der Vorstellung festhalten, daß «Wahrheit» in objektiver Form existiert. Warum klammern wir uns so an den Glauben, daß es einen richtigen Weg gibt, etwas zu tun, daß es nur *eine* korrekte Interpretation einer Situation gibt, wenn das Universum doch für Mannigfaltigkeit so aufgeschlossen ist und durch die Vielfältigkeit von Bedeutungen nur reicher wird? Warum sträuben wir uns gegen den Gedanken der Partizipation und haben nur Angst vor den Risiken, wenn wir doch mehr und mehr Augen brauchen, um die Wirklichkeit real werden zu lassen? Warum sollten wir den reichen Visionen und einer erfolgreichen Zukunft Widerstand leisten, die uns gehört, wenn wir uns zusammentun und gemeinsam die Welt erschaffen? Warum sollten wir uns jemals für Rigidität und Kalkulierbarkeit entscheiden, wenn wir doch dazu eingeladen werden, Teil des schöpferischen Prozesses des Kosmos zu sein? Und warum sollten wir überhaupt in Erwartung einer toten Katze in den Käfig schauen wollen, wenn wir allein durch die Kraft unserer Beobachtung die Katze wieder zum Leben erwecken könnten?

FÜNFTES KAPITEL

Veränderung, Stabilität und Erneuerung: Paradoxe sich selbst organisierender Systeme

«Mit einer evolutionären Einstellung zu leben heißt, sich mit voller Kraft und rückhaltlos in der Struktur der Gegenwart zu engagieren und doch fähig zu sein, loszulassen und in eine neue Struktur überzugehen, wenn die richtige Zeit dafür gekommen ist.»

Erich Jantsch

Als Kind stand ich einmal unter dem Gerüst einer Schaukel und hörte, wie ein älterer Spielkamerad von einem Mädchen erzählte, das so hoch geschaukelt hatte, daß sich die Schaukel schließlich überschlagen hatte. Sie hatte getan, wovon wir nur träumen, sie hatte sich selbst einen solchen Schwung gegeben, war so hoch geflogen, daß selbst die Erdanziehungskraft sie nicht mehr halten konnte.

Ich muß an diese Geschichte denken, von der niemand wußte, ob sie nur der Phantasie meines Spielgefährten entsprungen war, während ich am Rande des Spielplatzes sitze und meinem jüngsten Sohn zusehe, der von einem Spielgerät zum anderen läuft. Er ist geklettert, hat geschaukelt, ist gesprungen, hat sich auf einem Karussell drehen lassen, ist über einen wakkeligen Stamm balanciert, bis er lachend sein Gleichgewicht verlor. Jetzt sitzt er auf einer Wippe und wartet darauf, daß er in die Luft federt, wenn sein Gegenüber mit Schwung den Boden erreicht. Wohin ich auch blicke, Körper sind in Bewegung, Energien suchen nach Abenteuer.

Es scheint, daß wir genau das zu vermeiden versuchen, was Kinder sich wünschen, Un-Gleichgewicht, neue Erfahrungen, Kontrollverlust und Überraschungen. All das ist zwar für einen Spielplatz schön und gut, scheint uns aber für unser Leben zu gefährlich zu sein. Wir versuchen, jegliche Unsicherheit verzweifelt aus unserem Leben auszuschalten, und würden eine Organisation, die wie eine Wippe auf und ab schwankt, so zu stützen versuchen, daß sie ihr Gleichgewicht findet. Warum schätzen wir als Erwachsene die Ausgewogenheit so sehr? Warum haben wir Angst vor dem, was passieren könnte, wenn wir die Kontrolle verlieren? Ziehen wir das Gleichgewicht einer Veränderung vor? Fühlen wir uns in diesem Zustand sicherer?

Um etwas Klarheit in ein verwirrendes Konzept zu bringen, sehe ich manchmal nach, wie ein Wörterbuch ein Wort definiert. Ich schlage also unter Gleichgewicht im «American Heritage Dictionary» nach und finde:

«Gleichgewicht. 1. Ein Zustand, in dem alle Einflüsse durch entgegengesetzte aufgehoben werden, was zu einem stabilen, ausgewogenen oder gleichbleibenden System führt. 2. Physik: Der Zustand eines Systems, bei welchem die Resultante aller wirkenden Kräfte gleich Null ist... 4. Psychologie: Gelassenheit oder Ausgeglichenheit.»

Mir fällt der negative Bestandteil der ersten beiden Beschreibungen auf. Ein Zustand, bei welchem das Resultat aller Aktivität gleich Null ist? Warum sehnen wir uns denn dann so nach Gleichgewicht, warum verwenden wir dasselbe Wort, um ein psychisches Wohlbefinden zu beschreiben? Ich empfinde Ausgewogenheit in meinem eigenen Leben nicht immer als einen erwünschten Zustand. Und ich glaube nicht, daß ein Unternehmen im Gleichgewicht sein sollte. Ganz im Gegenteil, ich habe miterlebt, daß die Suche nach Ausgewogenheit das sichere Ende einer Institution zur Folge hatte, einer Straße glich, die ins Nichts führte und von ängstlichen Menschen begangen wurde. Ich habe die negativen Folgen eines Gleichgewichtszustandes so oft beobachtet, daß ich nicht verstehen kann, warum er immer noch als erstrebenswert gilt. Ich glaube jetzt, daß das etwas mit unseren altmodischen Ansichten von Thermodynamik zu tun hat.

Gleichgewicht ist eine Auswirkung des zweiten Hauptsatzes der Thermodynamik. Selbst wenn wir dieses Gesetz nicht kennen, so richten wir uns täglich danach. Mein Sohn lernte im Physikunterricht das «Trägheitsgesetz» kennen. Damit wurde die Tendenz eines geschlossenen Systems beschrieben, sich abzunutzen, Energie abzugeben, die nie wieder zurückgewonnen werden kann. Der Ökologe Garrett Hardin drückte es so aus: «Wir können nur verlieren.» (in: Lovelock 1987, 124) Das Leben geht zwar weiter, aber es geht nur noch abwärts.

In der klassischen Thermodynamik ist das Gleichgewicht der Endzustand der Evolution isolierter Systeme, der Punkt, an dem das System seine gesamte Veränderungskapazität aufgebraucht hat, geleistet hat, wozu es fähig war, und jetzt seine produktiven Kapazitäten in entropische Nutzlosigkeit umgewandelt hat. (Entropie, eine physikalische Größe, bezeichnet den Grad der Nichtumkehrbarkeit von Vorgängen. Je größer die Entropie ist, desto weniger kann das System sich verändern.) Im Gleichgewichtszustand gibt es nichts mehr für das System zu tun, es ruht. Wenn das Universum ein geschlossenes System ist, wenn nichts außerhalb des Universums Einfluß nimmt, dann muß auch das Universum schließlich zum Stillstand kommen und den Gleichgewichtszustand erreichen. Hier werden dann, mit den Worten der Wissenschaftler Peter Coveney und Roger Highfield, «Entropie und Zufall am größten sein. In einem solchen Universum gibt es kein Leben mehr» (1990, 153).

Der zweite Hauptsatz der Thermodynamik gilt aber nur für isolierte, geschlossene Systeme, zum Beispiel Maschinen. Eine eindeutige Ausnahme bildet das Leben selbst, das aus offenen Systemen besteht, die in Verbindung mit ihrer Umgebung fortwährend wachsen und sich entwickeln. Und doch haben sich unsere Wissenschaft und auch unsere westliche Lebensauffassung gründlich von den Vorstellungen der Degeneration beeinflussen lassen, die in der klassischen Thermodynamik enthalten sind. Wenn wir Verfall als unvermeidlich betrachten, wenn wir glauben, daß unsere Gesellschaft ihrem Ruin entgegengeht und die Zeit unerbittlich auf den Tod hinführt, dann bestätigen wir damit unbeabsichtigt den zweiten Hauptsatz der Thermodynamik. James Lovelock, Biologe und Autor der Gaia-Hypothese, meint, daß die thermodynamischen Gesetze «wie die Aufforderung klingen, die an den Toren von Dantes Inferno angeschlagen ist» (1987, 123).

In einem Universum, das unaufhaltsam dem Tod entgegengeht, leben wir in großer Furcht. Vielleicht haben wir deshalb eine solche Angst vor Veränderungen, weil sie wertvolle Energien verbrauchen und die Entropie zunimmt. Durch Stillstand oder verzweifeltes Halten des Gleichgewichts hoffen wir, uns gegen die zerstörerischen Naturgewalten verteidigen zu können. Wir wollen nichts, was Unruhe schafft, denn dadurch beschleunigt sich nur der Niedergang. Jede Form von Stagnation scheint uns besser zu sein als der Abbau, der doch so unabwendbar in unserer Zukunft liegt.

Wenn wir uns allerdings nur verzweifelt um Ausgewogenheit bemühen, schließen wir die Augen vor den Prozessen, die das Leben fördern. Es ist von einer traurigen Ironie, daß wir Unternehmen wie tote Maschinen behandeln, obgleich es sich doch viel eher um lebende, offene Systeme handelt, die zur Selbsterneuerung fähig sind. Und damit nicht genug, auch mit uns selbst und miteinander gehen wir wie mit Maschinen um. Wir glauben nämlich, daß wir andere nur motivieren können, indem wir sie antreiben, zum Handeln zwingen und so die Entropie durch die bloße Kraft unserer eigenen Energie verringern. Doch wir sind lebende Wesen, Teil lebender Systeme in einem Universum, das immer weiter wächst und sich entwickelt. Können wir uns nicht endlich von diesen thermodynamischen Beschränkungen freimachen und zu dem Kern der Sache vordringen? Können wir uns nicht auf das *Leben* in den Organisationen konzentrieren und die Totenwache beenden? Können wir nicht mit lebendigen Systemen kooperieren, statt immer wieder ungeschickt zu versuchen, Veränderungen abzuwehren oder Störungen zu unterdrücken?

Gleichgewicht ist weder Ziel noch Schicksal lebendiger Systeme, da sie als offene Systeme eine Partnerschaft mit ihrer Umgebung eingegangen sind. Die Untersuchung dieser Systeme, die mit Prigogines preisgekrönter Arbeit (1980) begonnen hat, zeigte, daß offene Systeme fortwährend freie Energie aus der Umwelt aufnehmen und entropische Energie abgeben können. Sie halten nicht einfach und warten, daß ihre Energie dissipiert. Sie suchen nicht nach Gleichgewicht, ganz im Gegenteil. Um lebensfähig zu bleiben, halten offene Systeme den Zustand des Nichtgleichgewichts aufrecht, damit sie sich verändern und entwickeln können. Sie nehmen an einem aktiven Austausch mit der sie umgebenden Welt teil und nutzen für ihre eigene Erneuerung alles, was vorhanden ist. Das trifft auf jeden Organismus in der Natur zu, uns eingeschlossen.

In der Vergangenheit haben Systemanalytiker und Wissenschaftler anderer Disziplinen offene Systeme untersucht, indem sie sich in erster Linie auf deren Gesamt*struktur* konzentrierten. Dieser Weg führte fort von dem Beobachten und Verstehen der Veränderungs- und Entwicklungsprozesse, die ein System über einen Zeitraum erst lebensfähig machen. Statt dessen suchten die Analytiker nach stabilisierenden Einflüssen, ohne die für sie Strukturen nicht denkbar waren. Sogenannte negative Rückkopplungsschleifen wurden registriert, die die Stabilität eines Systems erhalten. Mit Hilfe solcher Kontrollen konnten Abweichungen von der Norm des Systems erfaßt werden. Manager achteten auf unterdurchschnittliche Leistungen, konnten Korrekturen vornehmen und das System in seinem derzeitigen Aktivitätsgrad erhalten.

Aber es gibt noch eine andere Art von Rückkopplungsschleifen, die positiven, die Reaktionen und Phänomene verstärken. Sie verwenden Informationen auf andere Weise, wollen nicht regulieren und stabilisieren, sondern verstärken die Abweichungen von der Norm noch und setzen sie in unangenehme

Botschaften um, wie zum Beispiel das ohrenbetäubende Kreischen eines Mikrophons, das in einer positiven Rückkopplungsschleife gefangen ist. Informationen werden akkumuliert, und Störungen nehmen zu. Das System schließlich kann mit einer solchen Fülle von Informationen nicht umgehen und wird zur Veränderung genötigt. Wer an der Stabilität von Systemen interessiert ist, hält Verstärkung für bedrohlich und versucht, sie rückgängig zu machen, bevor das Trommelfell platzt.

Viele Jahre lang haben Wissenschaftler nicht bemerkt, welche Rolle eine positive Rückkopplung und eine Unausgewogenheit bei der Entwicklung von Systemen spielen. In ihrem Bemühen, alles unverändert zu erhalten, um die Stabilität des Systems zu gewährleisten, konnten sie die internen Prozesse nicht erkennen, mit deren Hilfe offene Systeme sich anpassen und dadurch wachsen können.

Erst als das Zeitelement durch Prigogines Untersuchung der Thermodynamik mit eingebracht wurde, begann man sich mehr für Dynamik als für Struktur der Systeme zu interessieren. Prigogines Arbeit und die derjenigen, die darauf aufbauten, vergrößerten auf erhebliche Weise unser Wissen darüber, wie offene Systeme Ungleichgewicht verwenden, um Abbau zu vermeiden. Indem sie die Dynamik offener Systeme über eine gewisse Zeit beobachteten, konnten Wissenschaftler die Folgen von Energietransformationen registrieren, die bis dahin nicht erkannt worden waren. Entropie, die gefürchtete Eigenschaft des Verfalls eines Systems, entstand zwar immer noch, und manchmal sogar in beträchtlichem Maße. Statt aber nur zu messen, *wie groß* die Entropie war, konnten Wissenschaftler jetzt auch erkennen, *was damit geschah*, wie schnell sie entstand und wie die Umwelt darauf reagierte.

Sobald man festgestellt hatte, daß Systeme in der Lage waren, Energie auszutauschen, daß sie freie Energie aufnehmen und dadurch die entstandene Entropie ersetzen konnten, wußte man auch, daß der Abbau nicht unvermeidlich war. Störungen konnten ein Ungleichgewicht schaffen, aber dieses Ungleichge-

104

wicht konnte zu Wachstum führen. Wenn das System die Fähigkeit hatte zu reagieren, dann war Veränderung nicht notwendigerweise bedrohlich. Um die Welt aus dieser Perspektive verstehen zu können, mußten die Wissenschaftler ihre Einstellung zu Verfall und Dissipation aufgeben und ihre Meinung von der Rolle der Unausgewogenheit ändern. Sie mußten ein neues Verhältnis zur Unordnung entwickeln.

Prigogines Arbeit von der Evolution dynamischer Systeme zeigte, daß das Ungleichgewicht eine notwendige Bedingung für das Wachstum eines Systems ist. Er nannte diese Systeme *dissipative Strukturen*, weil sie ihre Energie dissipieren (zerstreuen, umwandeln), um sich als neue Organisationsform wieder erschaffen zu können. Diese Systeme sehen sich in zunehmendem Maße störenden Informationen ausgesetzt, besitzen aber die Fähigkeit, sich so zu verändern, daß sie diese neuen Informationen verarbeiten können. Aus diesem Grund nennt man sie häufig sich selbst organisierende oder selbsterneuernde Systeme. Ihre *Elastizität* ist wichtiger als ihre Stabilität.

In chemischen Reaktionen lassen sich viele interessante Beispiele dissipativer Strukturen finden. Sehr häufig wird der Vorgang der chemischen Uhren beschrieben. Unter chemischer Uhr versteht man eine Lösung, die zwischen zwei verschiedenen Zuständen oszilliert. Normalerweise erwarten wir, daß Chemikalien, die zusammengemischt werden, eine Substanz bilden, in der ihre Moleküle gleichmäßig verteilt sind. Wenn der eine chemische Stoff rot und der andere blau ist, dann erwarten wir eine lila Mischung. Das ist auch bei der chemischen Uhr der Fall, die sich im Gleichgewicht befindet, bei der also keine Reaktionen stattfinden. Wenn eine solche dissipative Struktur allerdings eine Veränderung erfährt, wenn man von dem einen chemischen Stoff mehr hinzufügt (oder das Ganze erhitzt oder anderes zusetzt), dann verschiebt sich das Gleichgewicht zum Ungleichgewicht, und das System verhält sich auf unvorhergesehene Weise. Statt die lila Farbe der Mischung beizubehalten, beginnt die Substanz farblich zu pulsieren, wird erst rot, dann blau, dann wieder rot, und zwar in einem vorhersagbaren Zyklus. Daher die Bezeichnung «Uhr». Um das Pulsieren aufrechtzuerhalten, muß das Ungleichgewicht beibehalten werden, entweder durch die Zugabe chemischer Substanzen oder fortlaufend irritierende Bedingungen. Wenn die Störungen unter einen bestimmten Schwellenwert sinken, dann stellt sich das Gleichgewicht wieder ein, und die Lösung wird lila. Diese chemischen Reaktionen verbrauchen viel Energie. Die Entropie nimmt zu, wird aber gegen brauchbare Energie aus der Umgebung ausgetauscht. Solange das System offen bleibt, solange Materie und Energie ausgetauscht werden, so lange wird das System ein Gleichgewicht vermeiden und statt dessen in diesen «vergänglichen Strukturen» verharren, die ein «wunderbar geordnetes Verhalten» zeigen (Coveney und Highfield 1990, 164).

Es gibt viele Beispiele für sich selbst organisierende chemische Uhren, die ein außergewöhnliches Verhalten zeigen. Eines der schönsten ist die Belousov-Zhabotinskii-Reaktion, bei der die chemischen Substanzen bei bestimmten Veränderungen von Temperatur und Mischungsverhältnis kreisende Spiralmuster bilden, die mit den kunstvollen Malereien auf ukrainischen Ostereiern zu vergleichen sind. Das System reagiert hier auf Neuerungen und Veränderungen, indem es sich auf wunderbare Weise neu organisiert.

Die Schneckenmuster der Belousov-Zhabotinskii-Reaktion ähneln den Spiralformationen, die man häufig in der Natur und in der Kunst findet. «Die Spirale ist eines der ursprünglichsten Muster der Natur», schreibt der Photograph Andreas Feininger (1986, 124). Mancher Wissenschaftler hat sich gefragt, ob das Spiralmuster in der Kunst vielleicht einen allgemein verbreiteten, besonders intensiven Veränderungsvorgang beschreibt, der zu Dissipation führt und damit zu einer neuen Ordnung. Wir kennen solche Spiralformen von Satellitenbildern, etwa von Hurrikanen. Wir leben in einer spiralförmigen Galaxie. Astronomen, die sich in ihrer Forschung mit Scheibengalaxien wie der unseren beschäftigen, sind sogar zu dem Schluß gekommen, daß dasselbe iterative Modell, das in der einfachen chemischen Reaktion von Belousov-Zhabotinskii verwendet wird, auch auf die Schneckenformation der alten Sternenhaufen angewendet werden kann. Der Wissenschaftsautor John Briggs und sein Kollege, der Physiker David Peat, schreiben von den Schneckenbildern, die so häufig in der Kunst auftauchen, besonders den miteinander verzahnten Spiralmustern als künstlerischen Motiven früher Zivilisationen: «Könnte eine solche kollektive Weisheit vielleicht die Ahnung von der Ganzheit innerhalb der Natur ausdrücken, von der Ordnung und Schlichtheit, dem Zufall und der Vorhersagbarkeit, die in dem Verzahntsein und dem Entfalten der Dinge liegt?» (1989, 142–43) (Siehe die Abbildungen auf Bildtafel 7).

Mich interessiert bei sich selbst erneuernden Systemen am meisten ihr Verhältnis zu ihrer Umgebung. Das scheint mir etwas ganz Neues zu sein. Wir kämpfen in Organisationen immer eher gegen die Einflüsse der Umwelt an, die für uns nur Störung und Unruhe bedeuten. Wir versuchen uns so lange wie möglich abzukapseln, um die kostbare Stabilität, die wir endlich erreicht haben, zu erhalten. Wir wissen zwar, daß wir letzten Endes Kräfte und Einflüsse außerhalb der Grenzen unserer Organisation nicht ignorieren können, und doch verwenden wir sehr viel Kraft darauf, eine starke Verteidigungsstruktur aufrechtzuerhalten. Wir spüren eine inhärente Spannung zwischen Stabilität und Offenheit, ein ständiges Tauziehen, ein Entweder-oder. Aber jetzt, da ich etwas von sich selbst erneuernden Strukturen weiß, habe ich ein anderes Verhältnis zu diesen Dualitäten. Es gibt Strukturen, die ihre Form verändern und dennoch ihre Identität aufrechterhalten. Wie machen sie das?

Zum Teil hat ihre Lebensfähigkeit mit ihrer Fähigkeit zu tun, Strukturen zu schaffen, die dem Augenblick entsprechen. Weder Form noch Funktion allein bestimmt, wie das System konstruiert ist. Statt dessen gehen Form und Funktion in einen fließenden Prozeß ein, wodurch das System sich in seiner jetzigen Form erhalten oder sich zu einer neuen Ordnung entwickeln kann. Das System hat die Kapazität, spontan Strukturen hervorzubringen, je nachdem, was im Moment gebraucht wird.

Allmählich gibt es schon immer mehr Organisationen, die von den Möglichkeiten der Systeme Gebrauch machen, sich selbst zu ordnen oder zu erneuern. Manche Theoretiker sprechen hier von «adaptiven Organisationen», bei denen die Aufgabe die organisatorische Form bestimmt (Dumaine 1991). Ein anderes, aber verwandtes Beispiel bilden die Korporationen, die auf bestimmten grundlegenden Kompetenzen aufbauen (C. K. Prahalad und Gary Hamel 1990). Beide Organisationstypen vermeiden rigide oder dauerhafte Strukturen und haben statt dessen die Fähigkeit entwickelt, mit großer Flexibilität auf äußere und innere Veränderungen zu reagieren. Fachkenntnis, Aufgaben, Teams und Projekte zeigen sich, wenn sie gebraucht werden. Wenn sich der Bedarf ändert, dann verändert sich auch die organisatorische Struktur.

Ein Unternehmen kann aber eine solche Flexibilität nur aufrechterhalten, wenn es ständig Zugang zu neuen Informationen hat, im Hinblick auf die äußeren Bedingungen und Anforderungen wie auch die inneren Möglichkeiten und Mittel. Ein solches Unternehmen muß diese Informationen ständig im Bewußtsein der eigenen Identität und Ziele verarbeiten und braucht dazu ausreichend Sensoren und eine gutausgebildete Fähigkeit, Dinge gegeneinander abzuwägen. Nur so kann es feststellen, welche Möglichkeiten zur Wahl stehen und welche Mittel dazu aufgeboten werden müssen. Ein solcher Umgang mit Informationen unterscheidet sich deutlich von dem mehr traditioneller Unternehmen, denen es immer und in erster Linie darauf ankommt, die vorhandenen Methoden beizubehalten und Informationen der Struktur anzupassen, damit möglichst wenig Veränderung eintritt.

Die Aufgeschlossenheit für neue Formen und Einflüsse von außen lassen ein sich selbst organisierendes System vielleicht als zu strukturlos, zu schlecht faßbar oder zu unbestimmt erscheinen. Dieser Schein trügt jedoch. Ein System, das sich selbst organisiert, ist zwar flexibel, reagiert aber nicht nur passiv auf äußere Einflüsse. Mit der Zeit festigt und stabilisiert sich ein solches System, kann seine Mittel effizienter einsetzen und immer besser mit und innerhalb seiner Umgebung zurechtkommen. Es entwickelt eine Grundstruktur, die die Entwicklung des Systems unterstützt. Diese Struktur fördert eine gewisse Isolierung von der Außenwelt, was das System davor bewahrt, sich ständig reagierend zu verändern.

Denken Sie zum Beispiel an die Entwicklung eines Ökosystems. Anfangs herrschen dort die Arten vor, die viele Nachkommen haben, von denen die meisten aber nicht überleben. Diese Arten reagieren sehr empfindlich auf Veränderungen in ihrer Umwelt, und die Energie, die in die Produktion vieler Nachkommen gesteckt wird, von denen die meisten zugrunde gehen, ist verschwendet. In diesem frühen Stadium übt die Umwelt einen starken Druck aus und spielt die dominante Rolle bei der Auswahl der Arten. Allmählich aber entwickelt das Ökosystem eine innere Stabilität, eine flexible Widerstandskraft in bezug auf die Umwelt, was Lebensumstände schafft, die einen effizienteren Energieverbrauch fördern und vor den negativen Einflüssen der Umwelt schützen. In diesem System können sich nun auch Säugetiere entwickeln, die zwar sehr viel weniger Nachkommen haben als niedrigere Arten, jetzt aber auf Grund einer ausgefeilten ökologischen Struktur überleben können (siehe Jantsch 1980, 140 ff.; Margalef 1975).

Was in diesen Systemen stattfindet, widerspricht unserer normalen Denkweise. Eine Offenheit für Informationen aus der Umwelt hat nach einer gewissen Zeit ein stabileres Identitätsempfinden zur Folge, das sich durch Einflüsse von außen nicht mehr so leicht erschüttern läßt. Manche Informationen werden immer eine unerwünschte Wirkung haben, aber auf lange Sicht wird das System nicht von Umwelteinflüssen dominiert, sondern von der Dynamik der Selbstorganisation des Systems selbst. Eine Aufgeschlossenheit für Informationen von außen zieht in einem hohen Grad Autonomie und Identitätsempfinden nach sich.

Ich bezeichne dieses Denken als widersprüchlich, da wir häufig genau entgegengesetzt handeln. Wir glauben, daß wir uns unsere Identität, unsere Selbständigkeit nur bewahren können, wenn wir uns vor jeglichen Einflüssen von außen schützen. Wir neigen zu der Annahme, daß wir uns durch Abschottung und klare Grenzziehung unsere Individualität am besten erhalten können. In der Welt sich selbst organisierender Strukturen aber erfahren wir, daß sinnvolle Abgrenzungen gerade durch eine Öffnung nach außen entstehen. Durch den Prozeß des ständigen Austauschs mit seiner Umgebung entwickelt das System paradoxerweise eine größere Unabhängigkeit von den Anforderungen dieser Außenwelt.

Ein Unternehmen, das sich auf bestimmte grundlegende Kompetenzen stützt, macht beispielhaft deutlich, wie eine Organisation innere Stabilität erlangen kann, die einerseits zu klar definierten Grenzen, andererseits aber auch auf lange Sicht zu Flexibilität und Offenheit führt. Eine Firma, die sich auf grundlegende Kompetenzen konzentriert, betrachtet sich eher als Talentpool denn als Summe von Verwaltungseinheiten. Sie kann auf neue Chancen schnell reagieren, da sie nicht durch rigide Vorgaben gegängelt wird, die sich normalerweise aus der Fixierung auf das Endprodukt oder auf traditionelle Geschäftsinteressen ergeben. Ein solches Unternehmen reagiert sensibel auf seine Umwelt, wird aber gleichzeitig nicht ohne weiteres von ihr verändert. Bei Produkt- oder Marketingüberlegungen läßt es sich von seinen Fähigkeiten und Möglichkeiten leiten und schaut nicht in erster Linie darauf, wie unzugänglich oder wie attraktiv ein bestimmter Markt ist. Ein Unternehmen, das weiß, wo seine Kompetenzen liegen, ist nicht nur weniger abhängig von Veränderungen in der Umwelt, sondern entwickelt eine Autonomie, die es unnötig macht, auf alles und jedes zu reagieren.

Und doch haben solche Unternehmen ein ausgesprochenes Gespür dafür, was um sie herum vor sich geht, und sind immer neuen Möglichkeiten und Aufgaben gegenüber aufgeschlossen, in denen ihre speziellen Kompetenzen gebraucht werden. Sie entwickeln Fähigkeiten, die Umwelt zu verändern, und schaffen neue Märkte. Prahalad und Hamel meinen, daß Firmen, bei denen in erster Linie bestimmte Kompetenzen eine Rolle spielen, in der Lage sind, «neue Märkte zu erfinden, Märkte zu durchdringen, die sich gerade etablieren, und in vorhandenen Märkten die Entscheidungen der Kunden wesentlich zu ihren Gunsten zu beeinflussen» (1990, 80).

Diese Unternehmen handeln nach einem Prinzip, das allen sich selbst organisierenden Systemen innewohnt: Sie bleiben ihrer Identität treu. Wenn durch Einflüsse von außen eine gewisse Umformung notwendig wird, dann verändert sich das System auf eine Art und Weise, daß es selbst auch unter diesen Umständen seine Identität bewahrt. Das System konzentriert seine Aktivitäten auf das, was notwendig ist, um seine Integrität und die Fähigkeit zur Selbsterneuerung zu erhalten. Bei Veränderungen nimmt es immer wieder auf sich selbst Bezug. Jede zukünftige Form wird immer in Einklang stehen mit der schon etablierten Identität. Veränderungen finden weder willkürlich noch in jede beliebige Richtung statt. Sie sind immer mit der bisherigen Entwicklung und der Identität des Systems vereinbar. Dabei ist eine beeindruckende Konsequenz feststellbar. So wird ein biologisches System zum Beispiel, sollte es zu einem Rückschritt in seiner Evolution gezwungen sein, sich auf die gleiche Weise rückentwickeln, wie es sich entfaltet hat. Das System, so Jantsch, «erinnert seinen evolutionären Weg» (1980, 1; siehe auch 49).

Die Treue zu sich selbst ermöglicht die geordnete Veränderung in einer turbulenten Umgebung. In menschlichen Organisationen ist ein deutliches Identitätsbewußtsein, ein zuverlässiges Gefühl für die kulturellen Werte, Traditionen, Ziele und Fähigkeiten, die die Vorgänge bestimmen, der wahre Ursprung für eine echte Unabhängigkeit. Wenn die Außenwelt ein neues Handeln verlangt, dann bildet das Identitätsbewußtsein den Bezugspunkt für die Veränderung. Auf diese Weise wird vermieden, daß ein Unternehmen zögert, unsicher wird und dann verzweifelt nach irgendwelchen neuen Kunden sucht oder große Risiken eingeht, was für so viele Firmen in den letzten Jahren den Untergang bedeutete.

Charakteristisch für sich selbst organisierende Systeme ist ihre Stabilität auf lange Sicht. Man bezeichnet sie als global stabile Strukturen. Wenn wir von der Stabilität eines etablierten sich selbst organisierenden Systems sprechen, dann handelt es sich immer um das umfassende System. Die globale Stabilität wird nämlich durch den paradoxen Umstand gewährleistet, daß das System auf lokaler Ebene durchaus Fremdeinflüsse und Instabilitäten zuläßt. Um wieder das Beispiel des Ökosystems heranzuziehen: Jedes etablierte Ökosystem schließt viele Veränderungen und Fluktuierungen auf der Ebene der einzelnen Arten und ihrer individuellen Mitglieder ein. Aber das gesamte System bleibt stabil, kann seinen eigenen Wachstumsrhythmus entwickeln und den Einfluß von äußeren, etwa klimatischen Störungen abmildern (Jantsch 1980, 142). Geringe lokal begrenzte Unregelmäßigkeiten innerhalb des Systems werden nicht unterdrückt; es gibt keine zentrale Kommandostelle, die ständige leichte Veränderungen verbietet. In dem System selbst ist Autonomie auf vielen Ebenen möglich, und geringfügige Einflüsse und Veränderungen werden toleriert. Gerade dadurch kann das System seine globale Stabilität und Integrität in seiner Umgebung aufrechterhalten.

Jantsch erkannte die Weisheit, die diesen Eigenschaften des Systems innewohnt: «Die natürliche Dynamik einfacher dissipativer Strukturen zeigt uns das optimistische Prinzip, dessen Gültigkeit wir in unserer menschlichen Welt so häufig anzweifeln: Je freier die Selbstorganisation abläuft, desto mehr Ordnung ist feststellbar.» (1980, 40)

Und hier kommen wir zu einem anderen wichtigen Paradoxon: die zwei Kräfte Freiheit und Ordnung, die wir immer als Gegensatz betrachteten, zeigen sich als Partner, die für das Ent-

112

stehen eines lebensfähigen, wohlgeordneten und autonomen Systems nötig sind. Wenn wir schon auf den unteren Ebenen Selbständigkeit fördern, wenn wir dem einzelnen oder kleineren Arbeitsgruppen zugestehen, sich bei ihren Entscheidungen von dem Gefühl für und dem Wissen um die Unternehmensidentität leiten zu lassen, dann können wir eine kontinuierliche Zusammenarbeit herbeiführen. Ein Unternehmen wird sich dann selbst organisieren können, wenn das System die selbständigen Aktivitäten seiner Mitglieder dadurch unterstützt, daß es ihnen, und das ist ganz wörtlich gemeint, ein starkes Bezugsgerüst zur Verfügung stellt. Dann kann das globale System Autonomie und Integrität auf immer höherem Niveau erreichen.

Zusätzlich zu diesen verführerischen Paradoxen können Unternehmen aus dem Verhalten sich selbst organisierender Systeme noch weitere Informationen ziehen. Unter bestimmten Bedingungen, nämlich immer dann, wenn sich das System im Ungleichgewicht befindet, können kreative Mitglieder einen besonders starken Einfluß ausüben. Nicht das Gesetz der hohen Zahlen oder der günstigen Mittelwerte bringt Veränderung hervor, manchmal genügt schon ein geringfügiges Abweichen von der Norm, das durch das System verstärkt wird. Durch den Prozeß der Autokatalyse, bei dem eine solche Störung immer wieder auf sich zurückgeführt wird, sich dabei verändert und vergrößert, kann die Wirkung sich potenzieren. «Die Fähigkeit des Systems, kleine Veränderungen zu verstärken, ist ein kreatives Werkzeug», sagen Briggs und Peat (1989, 145).

Es liegt in der Natur jedes Systems, sei es menschlich oder ein chemisches, beim ersten Anzeichen einer Störung einzugreifen und sie zu beseitigen. Wenn das aber nicht gelingt und die Störung Teil des Systems bleibt, dann beginnt ein iterativer Prozeß. Die Störung nimmt zu, wenn verschiedene Teile des Systems mit ihr in Berührung kommen. Schließlich ist der Störfaktor so gewachsen, daß er nicht mehr ignoriert werden kann. Auf diese dynamischen Vorgänge stützen sich heutige Überlegungen: Für Veränderungen innerhalb eines Unternehmens, selbst innerhalb ausgedehnter Systeme, könnte eine kleine Gruppe überzeugter Individuen, die sich für diese Veränderungen einsetzen, ausschlaggebend sein.

Bestimmte Umstände unterstützen diesen Veränderungsprozeß – in Molekülen wie auch in Menschen. Revolutionäre können nicht getrennt voneinander operieren. Sie dürfen nicht von ihren Zielen abweichen, dürfen sie nicht zu schnell in das größere System einbringen und damit «verwässern». Und sie müssen mit anderen Teilen des Systems Verbindung halten. Diese Anleitungen klingen zwar wie aus einem Handbuch für Revoluzzer aus den sechziger Jahren, stellen aber das Grundprinzip dar, nach dem sich selbstorganisierende Strukturen entwickeln. Es macht uns bescheiden, wenn wir erkennen, daß wir diese Strategien für Veränderungen nicht erdacht haben. Sie waren schon immer da, und wir haben sie nur erst jetzt für uns entdeckt.

Systeme, die sich selbst organisieren und durch den Verstärkungsprozeß einer Abweichung zu einer Veränderung gezwungen werden, erhalten so die Gelegenheit, sich auf eine kreative Weise neu zu ordnen. Wenn eine Verstärkung gewisser Störfaktoren die maximale Instabilität des Systems bewirkt hat (es also keine anderen Möglichkeiten mehr hat, als abzusterben oder sich zu transformieren, und am sogenannten Bifurkationspunkt angelangt ist), dann stehen dem System alle Türen offen. Niemand kann vorhersagen, welchen evolutionären Weg es gehen wird. Evolution an sich ist nicht einengend; das System kann sich die Lösung aussuchen, die für es unter den derzeitigen äußeren Bedingungen optimal ist. Es muß sich nur immer wieder an der eigenen Identität ausrichten, im übrigen ist es in der Wahl des Weges frei. Am Bifurkationspunkt, so Prigogine und Stengers, «scheinen solche Systeme in Anbetracht der verschiedenen möglichen Evolutionsrichtungen zu ‹zögern›. Eine kleine Schwankung kann eine völlig neue Evolution in Gang setzen, die das gesamte Verhalten des makroskopischen Systems drastisch verändern wird.» (1984, 14)

114

Mir fallen eine ganze Reihe von Unternehmen ein, besonders marktorientierte, die sich damit brüsten, daß die Anfrage eines Kunden oder der Vorschlag eines Mitarbeiters sie auf ein ganz neues Produkt gebracht habe, das sehr erfolgreich verkauft werde. Weder präzise Planungen noch langfristige strategische Ziele hatten das Unternehmen auf diese Idee gebracht. Es war nur der Kreativität und der Hartnäckigkeit eines oder einiger weniger Menschen zu verdanken, daß man ihren Vorschlägen schließlich Beachtung schenkte. Von da an war die Sache ein Selbstgänger: Der Prozeß kam ins Rollen und gab dem Unternehmen eine neue, unerwartete Richtung.

Die Offenheit und die Kreativität, die die Entwicklung eines Systems beeinflussen, werden sich auch auf die Evolution der Umwelt auswirken. Sich selbst organisierende Systeme nehmen nicht nur Informationen auf, sie verändern damit auch ihre Umwelt. Kein Teil eines weiter gefaßten Systems bleibt unberührt, wenn Veränderungen irgendwo in ihm stattfinden. Diese Ko-Evolution ist Wissenschaftlern wohlbekannt, und William Starbuck, ein Organisationstheoretiker, schrieb vor Jahren von einem ähnlichen Prozeß, der in Organisationen stattfindet: «Einschränkungen durch die Umgebung sind im allgemeinen nicht so schwerwiegend, daß allein dadurch die Eigenschaften einer Organisation bestimmt werden... Organisationen und ihre Umwelt entwickeln sich gleichzeitig und passen sich dabei einander immer besser an.» (1976, 1105–1106)

Nach dieser Auffassung von Evolution verändern sich das System, die Umwelt und, wie manche Wissenschaftler meinen, sogar die Regeln der Evolution selbst. «Evolution ist das Ergebnis einer Selbsttranszendenz auf allen Ebenen... [Sie] ist grundsätzlich allen Möglichkeiten gegenüber offen. Sie bestimmt ihre eigene Dynamik und Richtung... Und im Zuge dieses dynamischen Miteinander-Verbundenseins definiert die Evolution auch ihren eigenen *Sinn*.» (Jantsch 1980, 14).

In der Welt der sich selbst organisierenden Strukturen ist alles offen und Veränderungen ausgesetzt. Aber Veränderungen

115

sind weder zufällig noch ohne Bezug. Vielmehr begegnen wir Systemen, die eine größere Unabhängigkeit und Widerstandskraft entwickeln, weil sie die Möglichkeit haben, sich anzupassen, und gleichzeitig eine kohärente Identität während ihres ganzen Bestehens beibehalten. Stagnation, Ausgewogenheit und Gleichgewicht sind nur temporäre Zustände. Was allein Bestand hat, ist der Prozeß, der dynamische, adaptive und kreative Prozeß.

Wenn ein offenes System Kreativität und lokale Abweichungen von der Norm einschränkt und so versucht, Gleichgewicht und Stabilität herzustellen, dann werden Zustände geschaffen, die sein eigenes Überleben in Frage stellen. Wir können Beweise dafür in vielen Organisationen finden, aber am eindrucksvollsten sind wohl die ökologischen Probleme, die wir durch das Verhindern kleiner natürlicher Schwankungen in Wildnisgebieten oder Populationen selbst hervorgerufen haben. Im Yellowstone Nationalpark hat man zum Beispiel kleine, in der Natur regelmäßig auftretende Feuer unterdrückt, um eine künstliche Stabilität zu wahren. Als Folge reagierte das Ökosystem extrem empfindlich auf ein größeres Feuer, das vor ein paar Jahren in kurzer Zeit weite Landstriche verwüstete, nur weil das Land nicht vorher regelmäßig durch kleinere Feuer von Unterholz und toten Bäumen gesäubert worden war.

Je mehr ich von Systemen lese, die sich selbst erneuern, desto beeindruckter bin ich von den Möglichkeiten, die sich durch eine größere Freizügigkeit auftun. In solchen Systemen gibt es Selbständigkeit und Zusammenarbeit, Prozesse laufen ab, die für unser Empfinden gegensätzliche Kräfte fördern, wie Veränderung und Stabilität, Kontinuität und Wandel, Autonomie und Kontrolle. Und all das findet in einem System statt, das ständig ausprobiert, herausfordert, Abweichungen verarbeitet und letzten Endes auf Veränderungen, die es bewirkt, reagiert, indem es sich selbst wandelt. Die traditionellen Gegensätze von Ordnung und Freizügigkeit, von Veränderung und Stabilität, von Sein und Werden schaffen ein neues Bild, das eigentlich schon uralt ist, nämlich das vom alles verbindenden Tanz der großen Gegensätzlichkeiten des Universums. Die Welt der dissipativen Strukturen weiß, wie das Universum funktioniert, wie Ordnung durch Wachstum und Veränderung erhalten bleibt. Für uns ist das Neuland, und wir haben Schwierigkeiten, bei seiner Erforschung unsere so gut ausgebildeten linearen Denkweisen aufzugeben. Sie haben uns immer wieder dazu veranlaßt, auf unmittelbare Anwendung hinzuzielen und Techniken zu entwickeln, die uns in dem System helfen sollen, in dem wir leben. Wenn wir aber weiterhin so vorgehen (und in diesem Kapitel bin ich selbst häufig diesen Weg gegangen), dann schränken wir die Möglichkeiten dieser neuen Welt ein. Wenn wir stur mit gesenktem Kopf über das Neuland stapfen und nur nach ganz bestimmten Merkmalen suchen, dann kommt es uns vielleicht niemals in den Sinn, aufzublicken und das Neue in seiner Gesamtheit zu erfassen. Wir können dann vielleicht niemals erkennen, wie Leben erhalten wird und wie alles zusammenwirkt, und wir können den Prozeß nicht wahrnehmen, der selbst große Paradoxe vereinigt.

Ich habe Freude daran, mich diesen neuen Konzepten zu stellen. Wie Wolken erscheinen sie mir, sie verändern sich und treiben wieder davon. Wolken sind sich selbst organisierende Systeme, verwandeln sich in Gewitterwolken, in Hurrikane oder Regenwände, mit Hilfe von atmosphärischer Energie oder Fremdpartikeln. Wir sind zu ähnlichen Transformationen fähig, wenn wir darauf vertrauen, daß diese neuen Gedanken und Ideen sich selbst organisieren können, und zwar in dem Bereich unseres Denkens und unserer Organisationen. Und wir sollten Wolken überhaupt ernster nehmen. Sie sind wunderbare Beispiele für merkwürdige und unvorhersehbare Systeme, die auf eine uns unvorstellbare Weise strukturiert sind. «Wie, zum Beispiel, kann man hundert Tonnen Wasser ohne sichtbare Stützen in der Luft schweben lassen? Du mußt eine Wolke bauen.» (Cole 1984, 38)

SECHSTES KAPITEL

Information, die kreative Energie des Universums

«Eine Organisation produziert dann Informationen, wenn sie ein Maximum an sich selbst organisierender Ordnung oder Einfluß aus dem Chaos zuläßt.»

Ikujira Nonaka

Warum hat das Problem der «schlechten Kommunikation» in Unternehmen ein so epidemisches Ausmaß angenommen? Wo ich bisher auch gearbeitet habe, stand schlechte Kommunikation ganz oben auf der Beschwerdeliste. In den vergangenen Jahren hatte ich diese Klage so oft gehört, daß ich auf dem Ohr schon taub geworden war. Ich hielt «schlechte Kommunikation» für eine sehr oberflächliche Diagnose, hinter der andere, speziellere Probleme steckten, und reagierte schon beinahe automatisch. Sobald jemand etwas von schlechter Kommunikation sagte, bestand ich darauf, von diesem Klischee abzusehen und mir genauere Beispiele zu geben, wann genau die Kommunikation unbefriedigend gewesen war. Erst dann würde ich den wahren Problemen auf die Spur kommen, die wahrscheinlich herzlich wenig mit Kommunikation zu tun hätten.

Jetzt weiß ich, daß ich unrecht hatte. Die Menschen, mit denen ich zusammenarbeitete, sagten tatsächlich genau, was sie störte. Und sie hatten recht, sie hatten Probleme, weil sie keine Informationen erhielten. In meinem Bemühen, kleinere, spezifischere Probleme zu identifizieren, drängte ich sie genau in die verkehrte Richtung. Ihre echten Probleme waren umfassend, größer als alles, was ich mir vorgestellt hatte. Damals und heute leiden wir alle unter einer fundamental falschen Vorstellung von

119

Information: Wir haben keine Ahnung, was Information eigentlich ist, wie sie funktioniert und was wir von ihr erwarten können.

Der Kern des Problems ist, daß wir Information wie ein «Ding» behandelt haben, wie eine leblose Masse, die verteilt wird. Dinge sind stabil, sie haben eine Dimension und ein Volumen. Man kann ein Ding anfassen, kann es bewegen, seinen Weg verfolgen, es an andere weitergeben. Dinge können gemanagt werden, weil sie konkret sind. Die Vorstellung von Information als «Ding» bildete sich in der Informationstheorie der letzten Jahrzehnte heraus. Information wurde wie eine Quantität behandelt, bestand aus «Bits», die übertragen und empfangen werden konnten. Information war eine Ware, die von einem Ort an einen anderen geschickt werden konnte. Der eigentliche Inhalt, die Bedeutung und der Zweck der Information wurden ignoriert; das gehörte nicht zur theoretischen Konstruktion (Gleick 1987, 354–355). Informationstheoretiker konzentrierten sich auch auf das «Rauschen», jene Interferenzen, die eine glatte Übertragung der Bits unmöglich machten. Idealerweise sollte sich Information vollkommen unbeeinflußt durch ein System bewegen.

Ich glaube, genau diese Informationstheorie hat uns in Schwierigkeiten gebracht. Wir haben überhaupt keine Ahnung, was Information eigentlich ist.

Das Merkwürdige dabei ist, daß wir alle früher eine viel bessere Vorstellung von Information hatten. Erinnern Sie sich, wie Sie als Kinder «Stille Post» spielten und sich darüber amüsierten, wie schnell eine geflüsterte Botschaft auch bei nur wenigen Mitspielern entstellt wurde? Für uns Kinder hatte eine Information dynamische Eigenschaften, wir wußten, daß sie lebte und sich dauernd veränderte. Sobald wir aber in Kontakt mit Unternehmen kamen, vergaßen wir diese Erkenntnis. Jetzt erwarteten wir, daß Informationen kontrollierbar waren, unveränderlich und brauchbar für unsere Zwecke. Wir mußten sie managen können.

In der Welt der Neuen Wissenschaft ist Information etwas ganz anderes. Sie ist nicht mehr begrenzt und meßbar, ist keine Ware, die verschickt werden kann und die uns oft so frustriert. Die neuen Theorien von Evolution und Ordnung betrachten Information als zentrales dynamisches Element. Information bewirkt letzten Endes Ordnung, fördert Wachstum und definiert, was lebt. Sie ist sowohl eine zugrunde liegende Struktur wie auch ein dynamischer Prozeß, der das Leben garantiert.

Wie kann Information Dynamik oder Struktur sein und nicht nur Inhalt? Ein beeindruckendes Beispiel dafür ist die Überlegung, was für ein Konzept wir von unserem Selbst haben: Wer bin ich? Bin ich ein Körper, zu dem ein Geist gehört, oder bin ich ein Geist, der einen Körper geschaffen hat? Bin ich eine physische Struktur, die Information verarbeitet, oder bin ich nichtphysische Information, die sich in eine Form organisiert?

Obgleich wir uns als stabile Form betrachten, verändert sich unser Körper ständig. Wie der Mediziner Deepak Chopra sagt: Unsere Haut erneuert sich jeden Monat, unsere Leber alle sechs Wochen, und selbst unser Gehirn mit all seinen wertvollen Zellen, die unser gesamtes Wissen enthalten, verändert seinen Gehalt an Kohlenstoff, Stickstoff und Sauerstoff etwa alle zwölf Monate. Mit dem Ein- und Ausatmen geben wir täglich ab, woraus einmal unsere Zellen bestanden, und nehmen Elemente von anderen Organismen auf, um neue Zellen zu bilden. «Jeder von uns», so Chopra, «ähnelt eher einem Fluß als etwas, was durch Zeit und Raum festgelegt ist.» (1990)

Trotz dieses ständigen Austausches bleiben wir relativ konstant. Und das liegt an der organisierenden Funktion der *Information*, die in unserer DNS enthalten ist.

An jedem Punkt des Körper gewordenen Geistes kommt zweierlei zusammen, Information und Materie. Von diesen beiden *hat die Information länger Bestand als die feste Materie, mit der sie gekoppelt ist.* Während die Kohlenstoff-, Wasserstoff-, Sauerstoff- und Stickstoffatome durch unsere DNS ziehen wie

Zugvögel, die nur kurz landen und dann weiterfliegen, verändert sich das Stück Materie, und doch gibt es immer eine Struktur, die auf die nächsten Atome wartet. Die DNS verändert sich in ihrer präzisen Struktur noch nicht einmal um ein tausendstel Millimeter, weil die Genome, die Informationsteilchen aus DNS, genau erinnern, wo alles hingehört, alle drei Milliarden Genome. Diese Tatsache zeigt uns, daß Erinnerung, also Geist, dauerhafter ist als Materie. Was ist dann eine Zelle? *Sie ist eine Erinnerung, die sich mit Materie umgeben und dabei ein bestimmtes Muster eingehalten hat. Der Körper gibt den Erinnerungen nur ein Zuhause.* (Chopra 1989, 87; Hervorhebungen durch die Autorin)

Jantsch beschreibt das gleiche Phänomen in dissipativen Strukturen und fragt, ob man sie als materielle Strukturen verstehen sollte, die Energien in ein System bringen, oder als Energiestrukturen, die den Fluß der Materie ordnen können. «Auf den höheren Ebenen der Selbstorganisation», so schließt er, «wird eine Beschreibung sinnvoll erscheinen, nach der sich Energiesysteme in der Organisation von materiellen Prozessen und Strukturen manifestieren.» (1980, 35)

Information organisiert Materie als Form, dadurch entstehen physische Strukturen. Die Funktion von Information wird schon durch das Wort selbst deutlich: In-*Formation*. Wir haben Information bisher nicht als Struktur betrachtet, weil um uns herum überall physikalische Formen vorhanden sind, die wir sehen und anfassen können und die uns dazu verleiten, die innere Struktur eines Systems mit seiner äußeren Manifestation zu verwechseln. Und doch ist Energie das eigentliche System, das bestehen bleibt und sich entwickelt. Materie fließt hindurch und nimmt verschiedene Formen an, je nachdem, was gebraucht wird. Wenn sich die Information verändert (wenn zum Beispiel Fremdeinflüsse zunehmen), bildet sich eine neue Struktur heraus. Selbst eine große Struktur wie ein Ökosystem ist ähnlich beschrieben worden, nämlich als «ein Informationssystem, das sich in der Organisation von Materie manifestiert» und sich durch das Speichern von Information entwickelt (Jantsch 1980, 141).

In einem sich ständig entwickelnden, dynamischen Universum ist Information der fundamentale Bestandteil, die Voraussetzung für jegliche Strukturierung, und schafft erst eigentlich Struktur. Etwas, was wir weder sehen noch anfassen können, ist dort draußen einfach vorhanden und organisiert das Leben. Information managt uns.

Damit ein System lebendig bleiben kann, damit sich das Universum weiterentwickeln kann, muß dauernd Information hergestellt werden. Wenn es nichts Neues gibt oder die Information nur das Vorhandene bestätigt, dann stirbt das System ab. Isolierte Systeme verlieren an Schwung und zerfallen, sie werden Opfer der Entropiegesetze. Der Treibstoff des Lebens ist frische Information, ist Neues, in neuartigen Strukturen geordnet. Wir brauchen Informationen, die durch unser System strömen, die unseren Frieden stören und alles, womit sie in Kontakt kommen, mit neuem Leben erfüllen. Wir müssen deshalb die Frage der Information auf neue Weise angehen, wir sollten Informationen nicht verwalten, sondern fördern, sollten sie nicht kontrollieren, sondern ermutigen. Wie können wir diese wunderbare Lebensquelle gründlicher nutzen?

Information ist ein einzigartiges Hilfsmittel, weil sie sich selbst hervorzubringen vermag. Information ist die Sonnenenergie eines Unternehmens, unerschöpflich, da sie sich ständig reproduziert, wenn Information auf Information trifft. Solange es Sender und Empfänger gibt, die miteinander in Verbindung stehen, entsteht Information. Neues ist garantiert, solange die Information frei fließen kann. Der größte Informationserzeuger ist das Chaos, wo ständig so viel Neues entsteht, daß der Beobachter glaubt, laufend die Aktivität des Systems überwachen zu müssen, um nur nichts zu verpassen (Gleick 1987, 260).

Und genau das ist es natürlich, wovor wir Angst haben. Es widerstrebt uns, Information einfach fließen, sich ungehindert ausbreiten zu lassen und damit chaotische Zustände herbeizuführen. Unsere Aufgabe als Manager ist es, die Kontrolle zu behalten, Information zu beherrschen und sie so weiterzugeben, daß sie sich nicht vermehren kann. Das zentrale Management glaubt, als Keuschheitsgürtel wirken zu müssen. Auf keinen Fall darf Information frei unsere Organisationen durchlaufen. Und unsere strenge puritanische Einstellung zu Informationen kommt nicht von ungefähr: Es gibt so viele Schauergeschichten von den Folgen falscher Informationen, daß unsere häufigen Hexenjagden berechtigt scheinen.

Wenn aber Information unseren Unternehmen Vitalität bringen soll, müssen wir unsere rigiden Vorstellungen von der Notwendigkeit der totalen Kontrolle ablegen und den Prinzipien der Selbstorganisation vertrauen, selbst wenn es um unser eigenes Unternehmen geht. Aus Information entsteht Ordnung, eine Ordnung, die wir dem System nicht überstülpen, die sich aber dennoch entwickelt. Die gesamte Natur verwendet Information auf eine solche Weise. Kann Information dann auch als ordnender Mechanismus für Unternehmen genutzt werden, die der Mensch eingerichtet hat?

Das wird nur dann möglich sein, wenn Unternehmen sich wie lebende Systeme verhalten und auf die gleiche Dynamik reagieren wie offene Systeme. Die wichtigste Frage ist also, ob Unternehmen lebende, bewußte, für Neues aufgeschlossene Gebilde sind. Eine neue Definition des Bewußtseins, weiter gefaßt und aufregender als die traditionelle, faßt schon in manchen Wissenschaftsbereichen Fuß, eine Definition, die eine Antwort auf die Frage leichter macht.

Prigogine kam auf die Idee, Bewußtsein neu zu definieren, als er den Kommunikationsprozeß in bestimmten chemischen Reaktionen beobachtete. Er erkannte, daß selbst in «nicht-lebenden» chemischen Reaktionen eine Kommunikation stattfindet, die Ordnung schafft. In den chemischen Uhren, mit denen er sich befaßte, wurde die zufällige Mischung von Molekülen an einem ganz bestimmten Punkt neu geordnet. Eine undurchsichtige graue Flüssigkeit zum Beispiel beginnt plötzlich

124

in einem klaren Schwarz und dann weiß zu pulsieren. Bei chemischen Uhren reagieren alle Moleküle vollkommen synchron und verändern ihre chemische Identität zur selben Zeit. «Das Erstaunliche dabei ist», sagt Prigogine, «daß jedes Molekül irgendwie weiß, wie die anderen Moleküle sich zu einer bestimmten Zeit verhalten werden, und das über relativ große Abstände hinweg. Diese Experimente sind Beispiele dafür, wie Moleküle miteinander kommunizieren... Man wußte immer, daß Kommunikation in lebenden Systemen stattfindet, aber in einem nicht-lebenden System hatte man nie damit gerechnet.» (1983, 90)

Wenn die Fähigkeit, eine Information zu verarbeiten, also zu kommunizieren, ein System als bewußt definiert, dann gibt es weitaus mehr Bewußtsein in der Welt, als man bisher angenommen hatte, dann schließt es selbst das ein, was wir bisher als leblos bezeichnet haben. Bewußtsein tritt also in Systemen auf, die nicht einmal ein identifizierbares Gehirn haben.

Wenn nach unserer Weltanschauung der Kosmos wie eine großartige Maschine funktioniert, dann kann ein nicht-lebendes System kein Bewußtsein haben. Wenn sich nichts identifizieren läßt, was für das Denken und die Kommunikation zuständig ist, dann kann Denken und Kommunizieren auch nicht stattfinden. Wir haben bisher die Intelligenz eines Organismus daran gemessen, ob er ein Gehirn besaß und wie differenziert es arbeitete. Wenn ein Krebs nur 90 000 Neuronen besitzt, wir dagegen 10 Milliarden oder so, dann kann der Krebs sicher nicht sehr intelligent sein. Aber später mußten wir entdecken, daß ein Krebs zu sehr viel mehr fähig ist, als wir nach unserem mechanistischen Modell angenommen hatten. Eine Forschungsrichtung zum Thema Künstliche Intelligenz behauptet, daß Bewußtsein nicht getrennt von dem wahrgenommen werden könne, was eine Entität ausmacht. Statt dessen sei Bewußtsein etwas, was entsteht, wenn ein bestimmter Organisationsgrad erreicht ist. Alles, was in der Lage sei, sich selbst zu organisieren, besitze deshalb ein bestimmtes Maß an Bewußtsein. Ein geordnetes System werde daher nicht durch die Differenzierung des Gehirns definiert, sondern dadurch, wie viele Informationen es verarbeiten kann. Je mehr Informationen es verarbeiten könne, desto höher sei sein Bewußtseinsgrad.

Nach dieser Definition gelten Organisationen als bewußte Entitäten. Sie entsprechen auch den Kriterien, die Gregory Bateson für «Geist» aufgestellt hat (1980). Sie sind in der Lage, Informationen zu produzieren und zu absorbieren, sie haben Rückkopplungskapazitäten und können sich selbst regulieren. Information ist die wichtigste Nahrungsquelle einer Organisation; das Überleben einer Organisation hängt davon in so entscheidendem Maße ab, daß ohne Information ein starkes Vakuum entsteht und Menschen sich Informationen ausdenken müssen. Gerüchte entstehen, gewinnen an Bedeutung und richten Unheil an, nur weil die echte Information fehlt. Wenn man bedenkt, wie wichtig Information für das Überleben einer Organisation ist, ist es kein Wunder, daß bei Schwierigkeiten «schlechte Kommunikation» häufig an erster Stelle genannt wird. Die Mitarbeiter wissen, daß ein guter Kommunikationsfluß ein Zeichen für die Gesundheit eines Unternehmens ist.

Wir haben uns so lange von rigiden Verwaltungsstrukturen einschränken lassen, haben in diesem Zustand, den Max De Pree, der ehemalige Geschäftsführer der Herman Miller Furniture Company, als «das oberflächlichste und lächerlichste Verhältnis überhaupt» beschreibt, so lange gelebt, daß wir erst lernen müssen, wie man mit einer bewußten Organisation umgeht, wie man ihre Intelligenz fördert. Dazu brauchen wir ein ganz neues Verhältnis zur Information, wir müssen ihre lebendigen Eigenschaften anerkennen. Wir wollen uns dabei nicht dem blinden Chaos unterwerfen, sondern wir wollen Lebendigkeit und Aufgeschlossenheit fördern. Wenn wir *widerstandsfähige* Unternehmen aufbauen wollen, eine für sich selbst organisierende Systeme wichtige Eigenschaft, dann müssen wir Information zu unserem wichtigsten Verbündeten machen.

Überlegen Sie einmal, wie wir bisher mit neuen Impulsen

126

und Anregungen umgegangen sind. Auch wenn wir wußten, daß sie wichtig waren, haben wir uns häufig so verhalten, daß viele der lebensspendenden Qualitäten verlorengingen. Wir haben sämtliche Störungen und Schwankungen zusammengefaßt und einen Mittelwert gebildet, damit die Statistik im bequemen Rahmen des Normalen bleibt. Wir haben immer nur auf große Zahlen geachtet, auf wichtige Trends, auf bedeutsame Veränderliche. Und doch sind es die kleinen Variationen, die leisen, anfangs nur geflüsterten Abweichungen von der Norm, die wir bemerken und fördern sollten. (Einige der statistischen Arbeiten, die in letzter Zeit in Qualitätsprogrammen verwendet wurden, betonen schon die Bedeutung dieser geringfügigen Variationen.)

Bei einander widersprechenden Informationen, die uns neue Erkenntnisse ermöglichen können, haben wir lieber Salomon gespielt und entschieden, welche dieser Informationen die richtige ist. «Wir wollen der Sache einmal auf den Grund gehen», sagen wir dann und blicken nach unten, weg von den Konflikten, die uns zum Licht der Erkenntnis, hin zu einem neuen, wenn auch komplexeren Verständnis führen könnten. Wir sind so daran gewöhnt, Daten auf- und abzurunden, Wogen zu glätten, den Korken draufzuhalten (es gibt viele Metaphern für diesen Prozeß), daß unsere Unternehmen buchstäblich aus Mangel an Information verkümmern. Es wird ihnen Neues vorenthalten, das zwar anders ist und Etabliertes in Frage stellt, aber genug Instabilität enthält, um dem System einen neuen Anstoß zum Leben zu geben.

Dabei sind wir den zufälligen Informationen nicht ausgeliefert, müssen ihnen nicht wahllos Einlaß in unser Leben geben. In bewußten Organisationen brauchen wir davor keine Angst zu haben. Unser eigenes Bewußtsein spielt eine ganz entscheidende Rolle. Wir selbst, individuell und als Gruppe, sind die Torwächter, wir entscheiden, welchen Abweichungen von der Norm wir unsere Aufmerksamkeit schenken und welche wir vernachlässigen wollen. Diese Entscheidungsfähigkeit ist gut in uns ausgebildet, aber die Kriterien, nach denen wir Einlaß gewähren, sollten revidiert werden. Wir müssen die Tore weit öffnen und mehr Informationen hereinlassen, auch solche, die nicht eindeutig, sondern komplex sind und deren Wert man nicht sofort erkennen kann. Ich kenne ein Unternehmen, das Informationen mit Lachsen vergleicht. Wenn die organisatorischen Flüsse gut mit Informationen (Lachsen) besetzt sind, dann, so glaubt man dort, werden die Informationen auch den Weg dahin finden, wo sie gebraucht werden (wo sie laichen können). Aufgabe der Organisation ist lediglich, das Wasser sauber zu halten, damit die Lachse ihren Weg finden können. Das Ergebnis ist dann eine Fülle von neuen Ideen und Projekten.

Information entsteht immer aus unstabilen, ja auch chaotischen Umständen, eine nicht gerade beruhigende Vorstellung. Wie können wir Information ungehindert zulassen und uns mit ihr auf der Suche nach organisatorischer Ordnung verbünden, wenn Instabilität und Komplexität dabei mit in Kauf genommen werden müssen? Wir haben uns so bemüht, möglichst alles vorauszuberechnen, alle Überraschungen auszuschalten, daß ein solcher Weg zur Ordnung uns destruktiv erscheint. Kaum etwas beunruhigt uns mehr als zunehmende Komplexität. Wir sagen zwar, daß wir in den vergangenen Jahren gelernt haben, Unklares einigermaßen zu tolerieren (wir hatten ja auch keine Wahl, es war schließlich vorhanden), aber was wir gelernt haben, scheint mir weniger mit Toleranz zu tun zu haben als mit dem Versuch, sich abzuschirmen. Wir haben immer noch große Probleme, wenn etwas nicht deutlich erkennbar ist oder wenn es auf Fragen keine eindeutigen Antworten gibt. Wir versuchen, diesem Unbehagen zu entkommen, indem wir uns auf ein Teilgebiet konzentrieren, eine Lösung dafür finden und dann so tun, als hätten wir damit schon das Ganze erledigt. Wir fühlen uns sicherer mit Scheuklappen und haben Angst, daß uns eine unbegrenzte Sicht nur noch mehr verunsichert.

Wir fürchten uns vor Vielschichtigkeit und Komplexität im Management, weil wir uns nach wie vor auf Teilaspekte konzentrieren statt auf das gesamte System. Wir glauben immer noch, daß Einfluß nur sehr begrenzt möglich ist, daß wir direkt «anfassen» müssen, was wir verändern wollen. Wir glauben immer noch, daß ein System durch direkte Verbindungen zusammengehalten wird, die wir mühsam herstellen müssen. Komplexität macht diese Aufgabe nur schwieriger, verlangt, daß wir an noch mehr denken, daß wir mehr Einzelheiten berücksichtigen, daß wir mehr Verbindungen herstellen. Je mehr sich alles vergrößert oder ins Detail geht, desto weiter müssen wir unser Kontrollnetz spannen, bis es schließlich reißt, wir vollkommen die Kontrolle verlieren und das Unternehmen nicht mehr zu managen ist.

Aber es gibt einen Weg aus dieser Komplexitätsphobie, und wir finden ihn, wenn wir gedanklich einen Schritt zurücktreten und der Organisation in ihrer Gesamtheit unsere Aufmerksamkeit schenken. Wenn wir nicht mehr kurzsichtig auf Einzelheiten starren, sondern aus mehr Abstand die Bewegung des gesamten Systems erfassen können, dann können wir auch langsam erkennen, was nötig ist, um ein komplexes System zu managen. Peter Senge entwickelt in seiner Arbeit auf dem Gebiet der Systemtheorie (1990) komplizierte nichtlineare Systeme, die die dynamischen Prozesse einer Organisation darstellen. Die Notwendigkeit, das gesamte System im Blick zu behalten, erfordert eine neue Art von Management und analytischen Prozessen. Statt ein Modell aufzustellen, das die Zukunft des Systems vorhersagt, bringen nichtlineare Modelle ihren Erfinder dazu, mit ihnen zu spielen und nur zu beobachten, was geschieht. Verschiedene Varianten werden ausprobiert, um, laut Senge, «etwas über die kritischen Punkte des Systems und seine Homöostase zu erfahren». Es kommt dabei nicht darauf an, das Modell unter Kontrolle zu halten. Analytiker wollen ihren Intuitionen darüber, wie das System funktioniert, freien Lauf lassen, damit sie «mit ihm harmonischer interagieren können» (in: Briggs und Peat 1989, 175).

Diese Methode des Analysierens ist erstaunlich neu, ist

beinahe so etwas wie ein Einfühlen in die Bewegung und die Gestalt eines Systems und macht den Wunsch deutlich, in Harmonie mit ihm zu sein. Je feinfühliger wir auf Systeme reagieren, desto gründlicher definieren wir unsere Rolle im Management des Systems neu. Es geht uns nicht mehr darum, die eine Variable zu finden, die uns die Kontrolle wieder in die Hand gibt. Das war sowieso immer nur eine Illusion. Wir wollen statt dessen Bewegung verstehen, und zwar aus einem tiefen Respekt für die Verwobenheit von Aktivitäten und Beziehungen, die das System ausmachen. Der Physiker David Peat nennt dies «ein sanftes Verhalten... das aus extrem subtilen Aktionen besteht, die breit über das ganze System verteilt sind». Schieben und Zerren sind fehl am Platz, sondern es soll dem, was sich entfaltet, sanft Form gegeben werden (1991, 217–220).

Ein so ausgerichtetes System kann also Komplexität verarbeiten, weil es nicht auf lineare Weise damit umgehen muß. Wir brauchen keine direkten Kontakte zwischen separaten Punkten, wir müssen Informationen nicht linear empfangen und weitergeben. Bisher haben Manager Informationen immer nur auf diese Weise gehandhabt, sie haben sie über bestimmte Kanäle geleitet und dem nächsten Kontakt übergeben. Wir haben uns dabei von mechanistischen Hirnfunktionsmodellen beeinflussen lassen, glaubten, daß Informationen eifrig die neuralen Bahnen entlanggeschoben und von einem Neuron zum nächsten geleitet werden. Allmählich aber verstehen wir, daß das Gehirn auf eine ganz andere Weise funktioniert.

Neuere Theorien besagen, daß Informationen nicht notwendigerweise an spezifische Gehirnbereiche gebunden, sondern breit verteilt sind. Bei ihren Versuchen, festzustellen, wo bestimmte Signale im Gehirn entstehen (zum Beispiel die Kommandos für Handbewegungen), haben Neurophysiologen herausgefunden, daß diese Signale nicht mit ganz bestimmten Neuronen gekoppelt sind. Es gibt keinen eindeutig lokalisierbaren Bereich im Gehirn, in dem Kommandos entstehen, sondern elektrische Aktivitäten zeigen ein weitaus fließenderes Muster. Anweisungen wie zum Beispiel die, eine ganz bestimmte Fingerbewegung durchzuführen, scheinen in einem sich dauernd verschiebenden Netzwerk zu entstehen. Man nimmt heute an, daß die erlernten Fähigkeiten, automatisch richtig auf ein Signal zu reagieren, «als Beziehungen in dem gesamten Neuronennetzwerk entstehen müssen» (Briggs und Peat 1989, 171). Wenn Information in Netzwerken neuraler Beziehungen gespeichert ist, dann muß die Verletzung eines bestimmten Hirnteils nicht notwendigerweise einen Informationsverlust bedeuten. Andere Bereiche des Netzwerkes können unter Umständen die Information in irgendeiner Form bewahren.

Dieses *neurale Netzwerk* konnte bis zu einem gewissen Grad durch parallele Rechenoperationen mit Computern simuliert werden. Zohat beschreibt diese Versuche als «ein ziemlich unordentliches, kunterbuntes Verknüpfungssystem, bei dem alles irgendwie zufällig mit allem anderen verbunden ist» (1990, 72). In unserem Gehirn und in den entsprechenden Computermodellen bewegt sich Information demnach scheinbar planlos über weite Bereiche und organisiert sich dabei in Speichereinheiten und Funktionen.

Statt uns also vorzustellen, daß die Information in festen Bahnen fließt, glauben wir heute, daß das Gehirn aus neuralen Netzwerken besteht, die die Informationen gleichzeitig in alle Richtungen weitergeben. Wie dieses ziemlich ungeordnete System funktioniert, ist nicht ganz klar. Wir können diese scheinbar planlose Verteilung von Information weder verfolgen noch kontrollieren und haben keine Ahnung, warum diese Methode letzten Endes funktioniert. Aber jeder von uns macht täglich die Erfahrung, daß das so ist.

In einem Hologramm enthält jeder Teil in verdichteter Form genug Information, um ein Bild des Ganzen zu geben. «Der Teil ist im Ganzen und das Ganze im Teil enthalten...; *der Teil hat Zugang zum Ganzen*», schreibt Ken Wilbur, Forscher und Wissenschaftsjournalist (1985, 2; Hervorhebung durch die Autorin). Wenn Licht von einem Objekt reflektiert wird, entstehen

Wellenmuster auf Grund des Lichts, das durch das Objekt gestreut wird. Diese Wellenmuster werden auf einer photographischen Platte als Interferenz-Muster gespeichert. Das Bild sieht verschwommen aus, ist manchmal kaum zu erkennen. Wenn aber ein Laserstrahl das Bild trifft, wird das ursprüngliche Wellenmuster regeneriert, und es zeigt sich ein dreidimensionales Bild des gesamten Objekts. Das Bild des Ganzen kann also aus jedem Fragment des ursprünglichen Bildes rekonstruiert werden.

Hologramme sind ein wunderbares Gleichnis für die Verteilung von Informationen in Unternehmen. Es gibt bereits ein Beispiel für organisatorische Hologramme in der Kundenbetreuung. Die meisten Unternehmen wissen, daß der Kontakt des Kunden mit *irgendeinem* Mitglied der Organisation, unabhängig von dessen Position in der Firma, die Einstellung des Kunden zu der *gesamten Organisation* beeinflußt. Unter dem Laserstrahl dieses «Augenblickes der Wahrheit» wird laut Jan Carlzon von der SAS die komplette Organisation sichtbar. Wir können den Eindruck, den sich der Kunde bei seiner ersten Begegnung bildet, nur verbessern, wenn wir begreifen, daß jeder Angestellte diese holographischen Eigenschaften besitzt und fähig ist, das Image des gesamten Unternehmens auszustrahlen. Wir gewinnen zufriedene Kunden, wenn wir erkennen, daß jede Organisation wie ein Hologramm funktioniert, und dann entsprechend handeln. Wenn wir wie ein echtes Hologramm Information weit gefächert in dem gesamten Unternehmen verteilen, dann stärken wir sein Image.

Wir kennen aus unserer Erfahrung noch andere Modelle, die uns zeigen können, warum Informationen ein Unternehmen vollständig durchdringen sollten. Vieles, was über organisatorische Innovationen veröffentlicht worden ist, trifft hier zu, und verständlicherweise werden dabei häufig Prozesse beschrieben, die auch im natürlichen Universum weit verbreitet sind. Innovation wird durch Informationen gefördert, die aus neuen Verbindungen und aus Erkenntnissen stammen, gewonnen durch das

Vordringen in neue Wissensgebiete. Informationen entstehen aus aktiver Zusammenarbeit mit Kollegen in fließenden, offenen Grenzen. Innovation beruht auf einem ständigen Austausch, in dem Informationen nicht nur gesammelt und gespeichert werden, sondern auch entstehen. Neues Wissen wird durch Verbindungen geschaffen, die vorher nicht da waren. Wenn eine solche Information sich selbst organisiert, entstehen Innovationen als Produkte einer an Information reichen, vielfältigen Umwelt.

Wie Information geschaffen wird und wie sie sich dann selbst organisiert, kann man anhand eines Planungsmodells deutlich machen, das Kollegen und ich verwenden, nämlich in Form einer Konferenz, bei der es um die Zukunft eines Unternehmens geht (siehe Weisbord 1987, Kap. 14). Mitarbeiter aus allen Bereichen sitzen dabei in einem Raum zusammen, um sinnvolle Pläne für die Zukunft des Unternehmens zu entwickeln. Sie arbeiten mit Auftraggebern von außen zusammen, tauschen sich über vergangene Erfahrungen aus, sprechen über interne Kapazitäten und über Anforderungen, die von außen gestellt werden. In den ersten Tagen werden die Informationen deutlich gemacht, die in dem organisatorischen neuralen Netz der Konferenzteilnehmer enthalten sind. Immer mehr Informationen werden zutage gefördert, so daß die Teilnehmer in der Informationsflut zu ertrinken drohen. Aber nach zwei oder drei Tagen organisiert sich die Gruppe selbst, und alle Informationen werden in eindrucksvolle Zukunftsvisionen eingebaut. Statt also Übereinstimmung auf dem niedrigsten gemeinsamen Nenner zu suchen, hat sich das Unternehmen über seine Mitarbeiter selbst in einer höheren Form organisiert, die in eine neue, aufregende Richtung weist.

Obwohl bei der Zukunftsforschung komplexe Informationen aus vielen Bereichen absichtlich geschaffen werden, genügt in der Natur weitaus weniger Information, um interessante neue Strukturen hervorzubringen. Einfache, immer wieder rückgekoppelte Informationen können neue, komplexe Formen erzeugen. Ein Beispiel dafür ist die unglaubliche Schönheit von

133

Fraktalen (siehe Bildtafeln 2 und 3). Diese geometrischen Formen werden mit relativ wenig Information – drei nichtlineare Gleichungen reichen aus – durch einen Computer geschaffen. Wenn diese Gleichungen so manipuliert werden, daß ihre Ergebnisse immer wieder in dieselben Gleichungen eingesetzt werden, ein Prozeß, der «evolvierende Rückkopplung» genannt wird, entstehen detaillierte Grade von Differenzierungen, gleichgültig, in welcher Vergrößerung man sie betrachtet.

> «Fraktale sind… komplex auf Grund ihres unendlichen Details und ihrer einzigartigen mathematischen Eigenschaften (keine zwei Fraktale sind identisch), und doch sind sie einfach, weil sie durch aufeinanderfolgende Anwendung schlichter Iterationen hergestellt werden können… Es handelt sich um eine neue Art von Reduktionismus… nicht mit dem alten Reduktionismus zu vergleichen, bei dem die Komplexität aus einfachen Formen aufgebaut ist, wie zum Beispiel ein kunstvolles Gebäude aus ein paar Grundformen oder schlichten Ziegelsteinen besteht. *Hier (beim neuen Reduktionismus) macht die einfache Iteration eine Komplexität sichtbar, die in ihr liegt, und gibt so Zugang zu kreativem Potential.* Die Gleichung läßt sich nicht in einer graphischen Darstellung ausdrücken wie bei Euklid, sondern sie ist der Ausgangspunkt für eine evolvierende Rückkopplung.» (Briggs und Peat 1989, 104; Hervorhebung durch die Autorin)

Ich halte es für meine wichtigste Aufgabe als Unternehmensberaterin, das gesamte Unternehmen mit Informationen über sich selbst zu konfrontieren. Diese Daten sind nicht selten ziemlich unkompliziert und in Teilbereichen vielen in der Firma häufig schon bekannt. Wenn ein Unternehmen aber bereit ist, diese Informationen allen Mitarbeitern zur Verfügung zu stellen, verschiedene Interpretationen zuzulassen und durchzudiskutieren, dann nehmen diese Informationen an Bedeutung zu. Wenn sie gemeinsam durchgesprochen werden, kann plötzlich etwas Neues erkannt werden, da Rückkopplungen stattfinden, wenn neue Ansichten oder Interpretationen eingebracht und berücksichtigt werden. Wie bei der Herstellung von Fraktalen macht der einfache Iterationsprozeß schließlich die Komplexität sichtbar, die in einer Sache steckt. Aus einem solchen Verständnis heraus entstehen kreative Reaktionen, und wichtige Veränderungen werden möglich.

In unserem Bemühen, Organisationen zu schaffen, die auf Grund von frei fließender Information gut strukturiert sind, werden immer wieder zwei einander ergänzende Prozesse und Aufgaben wichtig: Neue Informationen müssen geschaffen werden, und schon vorhandene Informationen müssen immer wieder wie in einer Rückkopplung neu bedacht werden. Viele dieser Prozesse sind uns schon bekannt, wir müssen sie vielleicht nur anders gewichten oder sie freier fließen lassen. Zum Beispiel kann Information jedesmal entstehen, wenn wir Menschen auf eine neue Art und Weise zusammenbringen. Aktivitäten, die Fluß und Bewegung verursachen, selbst wenn es nur altbekannte Methoden sind wie die Einrichtung von kleineren Arbeitsteams, von Aufgabenrotation und von Projektgruppen, tragen alle das Potential in sich, neue Informationen zu schaffen. Wir beschneiden diese Möglichkeiten häufig durch zu starre Regeln, durch einen hierarchischen Aufbau des Unternehmens, durch zu eng gefaßte Aufgaben oder einen begrenzten Zugang zu Informationen. Wenn wir die Beschränkungen aber aufheben, wenn wir eine größere Selbständigkeit zulassen, wenn Sinn und Zweck wichtiger sind als Regeln und feste Erwartungen, dann ist das Potential für neue Informationen groß.

Wir können ebenfalls eine geordnete Struktur schaffen, wenn wir Konflikte und Widersprüche an die Oberfläche kommen lassen, wenn wir ihnen sogar nachspüren, sie verstärken, bis sie unübersehbar sind und beunruhigend wirken. Wir sollten Menschen unterstützen, die nach unbequemen, abweichenden Informationen suchen, und sollten ihnen mehr Zeit, mehr Mitarbeiter und Möglichkeiten zur Verfügung stellen, diese Informationen zu verarbeiten. Wir haben bei Qualitätsprogrammen und partizipativem Management gesehen, wie wichtig dieser Prozeß ist. In solchen Firmen werden die Mitarbeiter dazu angehalten, auf Schwankungen zu achten, und es gibt Einrichtungen, die Diskussionen zwischen den verschiedenen Bereichen des Unternehmens möglich machen. Durch einen ständigen Austausch entstehen neue Informationen, und das Unternehmen wird gestärkt. Den Gedanken, daß diese Programme so gut funktionieren, finde ich aufregend, nicht nur, weil sie die Mitarbeiter ermutigen, Beiträge zu leisten und sich zu engagieren, sondern weil dadurch die Energie geschaffen wird, die für die Ordnung im Universum verantwortlich ist, die Information.

Wir können die lebenswichtige Vielseitigkeit einer Organisation durch offene Vorschläge fördern, durch Ideen, die inspirieren, aber nicht festlegen, und indem wir dazu anregen, immer wieder Bestehendes zu hinterfragen. Jantsch verlangt von Managern, daß sie das Gleichgewicht stören. Wir sollen nicht mehr Ordnungshüter sein, sondern Unordnung hervorrufen. Wir sollen Unruhe stiften und Interventionen unterstützen, die herausfordern und irritieren, bis schließlich in dem großen Durcheinander die Arbeitsprozesse auf einer ganz anderen Effizienzebene wieder neu organisiert werden müssen.

Den Status quo zu zerstören wird uns leichter fallen, als wir erwartet hatten. Heutzutage läßt sich Komplexität eher schaffen, da reichlich Information in nichtlinearer, mannigfaltiger Form vorhanden ist. Wir sind mit unserem Denken immer am weitesten gekommen, wenn wir zuließen, daß aus freien Assoziationen neue Ideen entstanden. Viele behaupten, daß wir heute nur einen winzigen Teil unserer mentalen Kapazität verwenden, weil wir bisher immer von linearen Denkprozessen ausgegangen sind. Jetzt steht uns die Technologie zur Verfügung, Schaffensprozesse darzustellen. Die Welt der Information wird assoziativer, heuristischer, und die Bedeutung von «Networking» nimmt zu. Wir verstehen allmählich, wie wichtig Beziehungen und nichtlineare Bindungen für das Entstehen neuen Wissens sind. Unsere Aufgabe ist es also, organisatorische Formen zu schaffen, die diese Prozesse fördern.

Gore Associates, die Hersteller von GoreTex®, schufen ein Modell für eine solche Struktur mit ihrer «Gitterorganisation». Aufgabenzuteilung und Strukturen entstehen aus Notwendigkeiten und Interessen; Beziehungen, Austausch und Kontakte von Mitarbeitern (beinahe jeder nennt sich hier Partner) werden als wichtigste Ursache für organisatorische Kreativität und den Erfolg des Unternehmens unterstützt. Ein Beobachter meinte, es käme nicht darauf an, wer sich in welcher Position mit einem bestimmten Problem befaßte, sondern nur darauf, was an Energie, Fähigkeit, Einfluß und Wissen insgesamt vorhanden sei, um eine Lösung zu finden (Pacanowski 1988).

Langsam, aber sicher werden sich die Unternehmen dieser Möglichkeiten bewußt. Mitdenken wird immer mehr Gewicht eingeräumt, und das nicht nur auf der Chefetage. Wir wissen heute, daß vielen Arbeitnehmern beigebracht werden muß, die Interaktion zwischen komplexen Variablen zu deuten. Das «intellektuelle Kapital» nimmt zu, ein gängiges Schlagwort, das uns zeigt, daß heute die Fähigkeit, sich Wissen anzueignen, höher bewertet wird. Die Aufgeschlossenheit für einen Austausch innerhalb und zwischen den Unternehmen wächst, hierarchische Strukturen werden abgebaut, intelligente Maschinen angeschafft und der Informationsfluß in allen Bereichen gefördert. Unternehmen, bei denen ein ständiges Dazulernen großgeschrieben wird, werden zahlreicher. Das Bewußtsein wächst. Ist eine neue Ordnung in Sicht?

Mein eigener Glaube an die Möglichkeiten von Unternehmen, höhere Bewußtseinsebenen zu erreichen, hat mit meiner immer stärker werdenden Überzeugung zu tun, daß wir in einem an sich gut geordneten Universum leben. Ich beschäftigte mich ausführlicher mit Biologie und Physik und erkannte, daß natürliche Systeme eine andere Beziehung zum Universum haben als wir. Wir versuchen, Stein auf Stein zu bauen, sie aber entfalten sich. Wir bemühen uns, alles zusammenzuhalten, während sie einfach offen für alles sind und komplexe Strukturen entstehen lassen. Jantsch stellt beide Einstellungen einander gegenüber:

«[Aufbau] betont die Strukturierung und beschreibt das Entstehen hierarchischer Einteilungen, da man Systeme ‹von unten her› aufbaut. Entfalten dagegen bedeutet ein Verflechten von Prozessen, das Strukturierungen auf den unterschiedlichen hierarchischen Ebenen gleichzeitig zuläßt. ... Komplexität entsteht durch die gegenseitige Durchdringung von Differentiations- und Integrationsprozessen, die gleichzeitig ‹von oben nach unten› und ‹von unten nach oben› stattfinden.» (1980, 75)

Wir müssen mehr über dieses «Verflechten der Prozesse» erfahren, das Struktur hervorbringt. Es war uns bisher nie aufgefallen, wie ein ganzes System sich in seiner Gesamtheit managt, und zwar über natürliche Prozesse, die seine Integrität aufrechterhalten. Es ist überaus wichtig, daß wir diese Prozesse erkennen. Nur so können wir unsere Faszination mit den *Einzelteilen* abbauen, diesen Relikten aus einem früheren Organisationsalter, und uns auf die tieferen, fest verankerten Prozesse konzentrieren, die ganze Organisationen hervorbringen. «Was nötig ist», schreibt Bohm, «ist ein *Akt des Verstehens*, durch den wir das Ganze als einen echten Prozeß begreifen, der, wenn er richtig abläuft, meistens ein harmonisches, geordnetes Gesamtverhalten bewirkt... bei welchem das Zerlegen in Einzelteile völlig an Bedeutung verloren hat.» (1980, 56)

In der Quantenphysik macht der *Relationsholismus* deutlich, wie ganze Systeme aus subatomaren Teilchen entstehen. Bei diesem Vorgang werden die Teilchen auf immer verändert, sie werden durch einen dynamischen Zustand innerer Verbundenheit zusammengebracht. Elektronen werden in diese engen Beziehungen hineingezogen, wenn ihre Wellenaspekte miteinander kollidieren, einander überschneiden und verschmelzen; ihre individuellen Eigenschaften wie Masse, Ladung, Spin, Position und Momentum lassen sich nicht mehr voneinander unterscheiden. «Das Ganze wird eine bestimmte Masse, Ladung, Spin und so weiter besitzen, aber man kann unmöglich sagen, welche der daran beteiligten Elektronen was dazu beitragen. Es ist sinnlos geworden, von den individuellen Eigenschaften der daran beteiligten Elektronen zu sprechen, da diese sich dauernd verändern, um den Bedürfnissen des Ganzen gerecht zu werden.» (Zohar 1990, 99)

Ein solches Bild kann auch auf Unternehmen angewendet werden. Man kann leicht die Wellen erkennen, die wir in einer Organisation hervorrufen, wird bemerken, wie wir ein neues Ganzes bilden und durch diesen Prozeß auf immer verändert werden. Wir machen diese Erfahrung, wenn die Bemühungen eines Teams «Gestalt angenommen» haben, wenn eine Gruppe plötzlich harmonisch zusammenarbeiten kann, man sich aneinander abgeschliffen hat, wenn die gemeinsame Arbeit vorangeht und Freude macht. Wir haben alle schon die Erfahrung gemacht, daß plötzlich etwas klappt und daß uns das beinahe wie ein Wunder vorkommt. Wir haben nie verstanden, daß wir Teil eines Universums sind, das von Informationen lebt und mit uns zusammenarbeitet, um eine geordnete Welt zu schaffen.

Heute spricht man viel von Organisationen, die so aufgebaut sind, daß ihre fließenden und durchlässigen Formen auch bei ständigen Veränderungen bestehen bleiben. Diese Ideen haben sowohl Mißtrauen wie auch Neugier hervorgerufen. Vielleicht werden wir uns weniger fürchten, wenn wir begreifen, wie sehr wir dabei von natürlichen Prozessen unterstützt werden. Wir bewegen uns nämlich nicht auf ein heilloses Durcheinander zu, wenn wir unsere jetzigen Strukturen auflösen und von Welten ohne Grenzen sprechen. Statt dessen gehen wir eine fundamental neue Beziehung mit der Ordnung ein, einer Ordnung, die sich in Prozessen ausdrückt, die sich nur kurzzeitig als Strukturen manifestieren. Ordnung selbst ist nicht starr, sondern besteht als dynamische Energie, die uns umgibt. Relationsholismus und Selbstorganisation arbeiten zusammen, um uns das lebende Universum zu geben. Zwei dynamische Prozesse, die sich beide auf Information aufbauen, vereinen sich, um eine geordnete Welt zu schaffen. Das Ergebnis ist eine Evolution, die Information sucht sich neue Formen. Und das Leben geht weiter, reicher und kreativer als je zuvor.

SIEBTES KAPITEL

Chaos und der seltsame Attraktor des Sinns

«Und so vor allem anderen entstand der gähnende Abgrund,
das Chaos, gefolgt aber von der breitbrüstigen Erde, Gaia, dem
auf Ewigkeit sicheren Sitz der Unsterblichen... ebenso von der
Liebe, Eros, dem schönsten der unsterblichen Götter, der
Glieder bricht.»

Hesiod

Vor mehreren tausend Jahren, als gewaltige Urmächte
die menschliche Vorstellungskraft besetzt hielten, entstanden
die Mythen von den unsterblichen Göttern und der Erschaffung
der Welt. Am Anfang gab es nur Chaos, den grenzenlosen, gäh-
nenden Abgrund, der weder Form noch Fülle kannte, und Gaia,
die Erdmutter, die Form und Beständigkeit hervorbrachte.
Nach der griechischen Vorstellung sind Chaos und Gaia Partner,
zwei Urmächte, die in einem ständigen Gegen- und Miteinander
all das geschaffen haben, was wir bisher kennen.

Heute tauchen diese beiden mythischen Figuren wieder
in unseren Vorstellungen und unseren wissenschaftlichen Untersuchungen auf. Naturwissenschaftler dringen immer tiefer in
die Geheimnisse des Universums ein, und Chaos und Gaia haben
eine neue Bedeutung bekommen. Mir scheint diese Rückkehr zu
den mythischen Wurzeln interessant und tröstlich. Es bedeutet,
daß eine neue Beziehung zum Chaos möglich ist, selbst inmitten
immer wachsender Turbulenzen. Wir müssen einsehen, daß das
Chaos ebenso wie für die Gaia der Antike auch für uns notwendig
ist, müssen begreifen, daß es die Lebensquelle unserer kreativen
Kraft ist. Aus seinem tiefen Abgrund kommen Unterstützung
und Opposition, die «das Licht, ohne das keine Form sichtbar

wäre» hervorbringen (Bonnefoy 1991, 369–370). Wir als generative Kraft schaffen Form und Sinn und vertreiben das Chaos mit unseren Schöpfungen. Wir füllen das Nichts mit unseren Welten und drehen dem Chaos den Rücken zu. Wir dürfen aber nicht vergessen, so ermahnen uns die alten Griechen und die Neue Wissenschaft, daß tief in unseren Gaiaschen Zentren immer auch das dunkle Herz des Chaos lebt.

Dieses Herz ist mit modernen Computern sichtbar gemacht worden, und es ist faszinierend zuzusehen, wie Chaos sich auf dem Computerschirm zeigt. Der Computer verfolgt die Entwicklung eines Systems, wobei ein Augenblick in dem Zustand des Systems als Lichtpunkt auf dem Bildschirm erscheint. Mit der Geschwindigkeit des Computers können wir in kurzer Zeit Millionen von Augenblicken in der Geschichte des Systems beobachten. Das System scheint mit wilder Unvorhersagbarkeit hin und her zu schwanken und ist niemals zweimal an derselben Stelle zu finden. Diese chaotische Bewegung kann in der Form von Linien beobachtet werden, die sich sehr schnell auf dem Schirm hin und her bewegen. Und während wir auf den Schirm starren, erkennen wir, daß die Linien sich bündeln und zu einem Muster verbinden, so daß Ordnung aus der Unordnung entsteht. Die chaotischen, willkürlichen Bewegungen des Systems haben eine Form. Diese Form ist ein «seltsamer Attraktor», und was wir auf dem Bildschirm sehen, ist die Ordnung im Chaos (siehe Abbildung auf Bildtafel 8).

Chaos hat immer Gestalt gehabt, ein Konzept, das allerdings unserer allgemeinen Definition vom Chaos widerspricht. Bevor wir es mit den Augen unserer Computer betrachten konnten, war Chaos für uns nur Turbulenz, Energie ohne vorhersagbare Form oder Richtung. Chaos ist der Endzustand eines Systems, das sich von der Ordnung entfernt hat. Nicht alle Systeme bewegen sich in Richtung Chaos. Wenn ein System aus seinem stabilen Zustand gestoßen wird, durchläuft es anfangs eine Oszillationsperiode und pendelt zwischen zwei verschiedenen Zuständen hin und her. Danach tritt es in das totale Chaos ein, eine

Phase absoluter Unvorhersagbarkeit. Aber in diesem Bereich des Chaos, wo eigentlich alles auseinanderbrechen sollte, erscheint plötzlich der seltsame Attraktor. (In der Wissenschaft gibt es noch andere Attraktoren. Die hier behandelten wurden von zwei Wissenschaftlern als «seltsam» bezeichnet, von David Ruelle und Floris Takens, die diesen Ausdruck sehr suggestiv fanden [Gleick 1987, 131]. Ruelle sagte: «Der Name ist schön und paßt ausgezeichnet zu diesen erstaunlichen Objekten, die wir so wenig verstehen» [in: Coveney und Highfield 1990, 204].)

Ein seltsamer Attraktor ist so etwas wie ein Anziehungsbecken, ein Bereich des vom Computer geschaffenen Phasenraums, in den das System magnetisch hineingezogen wird und dadurch eine sichtbare Form erhält. Computer-Phasenraum ist multidimensional, und Wissenschaftler können die Bewegung eines Systems in mehr Dimensionen beobachten, als zuvor möglich war. Formen, die zweidimensional nicht erkennbar waren, werden jetzt sichtbar. In einem chaotischen System kann man nun Bewegungen beobachten, die zwar willkürlich und unvorhersagbar sind, dennoch aber niemals endliche Grenzen überschreiten. «Chaos», sagt der Planungsexperte T. J. Cartwright, «ist Ordnung ohne Vorhersagbarkeit.» (1991, 44) Das System hat unendlich viele Möglichkeiten, bewegt sich, wohin es will, und probiert ständig neue Konfigurationen seiner selbst aus. Aber seine Bewegungen und seine Experimente respektieren dabei eine Grenze.

Wie viele Chaosforscher wird auch Ruelle poetisch, wenn er diese seltsamen Attraktoren beschreibt: «Diese Kurvensysteme, diese Punktwolken sehen manchmal wie Feuerwerk oder wie Galaxien aus, manchmal wie merkwürdige und beunruhigende pflanzliche Wucherungen. Es gibt dort einen Bereich von Formen, die zu untersuchen sind, von Harmonien, die es zu entdecken gilt.» (in: Coveney und Highfield 1990, 206)

Briggs und Peat beschreiben die Computerdarstellungen von Systemen, die zwischen geordneten und chaotischen Zuständen hin- und herpendeln, und malen dabei ein ähnlich eindrucksvolles Bild dieses Tanzes zwischen Turbulenz und Ordnung:

> «Offenbar sind die normale Ordnung und die chaotische Ordnung in Bereichsintervallen geschichtet. Wenn ein System sich in gewisse Bereiche bewegt, wird es ausgestoßen, iterierend auf sich selbst zurückgeführt und in Richtung Desintegration, Transformation und Chaos gezerrt. In anderen Bereichen dagegen kreisen Systeme dynamisch und bewahren ihre Formen über lange Zeitabschnitte hinaus. Aber letzten Endes werden alle geordneten Systeme die wilde verführerische Anziehungskraft des seltsamen chaotischen Attraktors spüren.» (1989, 76–77)

In der Neuen Wissenschaft werden wir immer wieder von paradoxen Konzepten herausgefordert; so gibt es zum Beispiel Materie, die immateriell ist, ein Ungleichgewicht, das ein globales Gleichgewicht möglich macht, und nun ein Chaos, das nicht chaotisch ist. Und doch war das Paradoxon Chaos schon in der Antike bekannt, da man es in den Mythen mit der Ordnung in Zusammenhang brachte. In jedem System lauert das Chaospotential, «ein Wesen, das tief in dem perfekt geordneten System schlummert» (Briggs und Peat 1989, 62). Doch wenn das Chaos ausbricht, wird es nie die Grenzen des seltsamen Attraktors übertreten. Diese Spiegelwelt von Ordnung und Unordnung fordert uns dazu heraus, noch einmal das System als Ganzes zu betrachten. Nur wenn wir gedanklich einen Schritt zurücktreten, um die Form der Dinge zu erkennen, können wir auch die Muster sehen, die durch die Bewegung von Chaos zu Ordnung und von Ordnung zu Chaos entstehen. «Man kann das mit den Seiten einer Münze vergleichen», sagt Chaosphysiker Doyne Farmer. «Hier war die Ordnung, aus der Zufall entstand, und einen Schritt weiter herrschte der Zufall mit seiner eigenen Ordnung.» (in: Gleick 1988, 349)

Diese Art von Chaos (deterministisches Chaos genannt) entsteht durch Iterationen in einem nichtlinearen System, Infor-

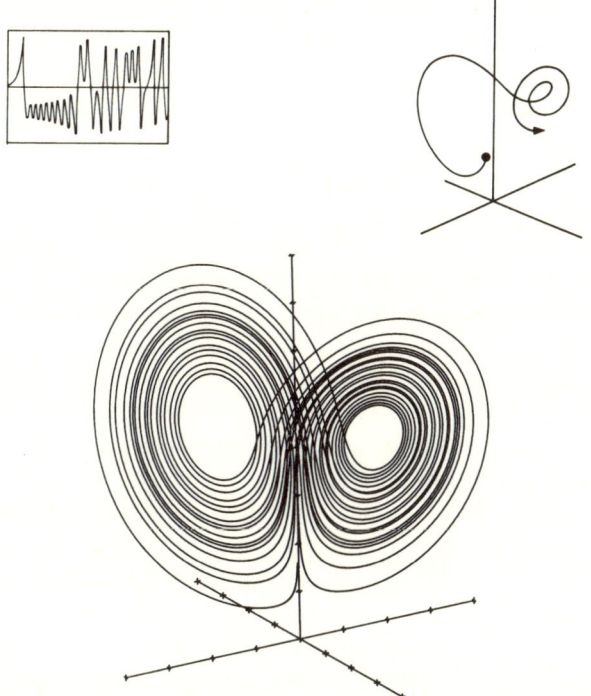

Dieses wunderschöne und wohlgeordnete Bild eines chaotischen Systems, das an einen Schmetterling oder eine Eule erinnert, wurde für Wissenschaftler erst sichtbar, nachdem sie eine Methode gefunden hatten, die Entwicklung eines Systems mit Hilfe von multiplen Variablen aufzuzeichnen. Die traditionelle Darstellung einer Variablen (oben links) zeigt ein System im Zustand des Chaos, in totaler Unvorhersagbarkeit. Im Phasenraum dagegen werden drei Variablen gleichzeitig aufgezeichnet; während das System sich willkürlich bewegt, kann im dreidimensionalen Raum (oben rechts) aufgezeichnet werden, wo sich das System in jedem Augenblick befindet. Diese Perspektive zeigt das Entstehen eines seltsamen Attraktors, die Grenzen, innerhalb derer sich das Chaos bewegt. Das System berührt niemals zweimal denselben Ort und bleibt doch in bestimmten Grenzen. Der Attraktor nimmt Form an, wenn sich die Trajektorien als Schichten übereinanderlegen, ohne sich zu überschneiden. (Nach Gleick 1987, mit Genehmigung des Autors)

mation, die immer wieder auf sich selbst zurückgeführt wird und sich dabei verändert. (Dieser Iterationsprozeß ist auch charakteristisch für die Selbstorganisation, die in biologischen und chemischen Systemen beobachtet werden kann [siehe Kapitel 5].) Coveney und Highfield beschreiben Nichtlinearität als etwas, wobei man «mehr als erwartet bekommt» (1990, 184). Sehr kleine Varianten in den Bedingungen der Gleichung, so geringfügig, daß sie kaum wahrnehmbar sind, werden bei Iterationen dermaßen vergrößert, daß die Ergebnisse unvorhersagbar werden. Ein nichtlineares System kann durch Iterationen in jede Richtung gehen, sich vollkommen anders verhalten, als wir erwartet haben. Der sprichwörtliche Tropfen, der das Faß zum Überlaufen bringt, ist ein vertrautes Beispiel für Nichtlinearität: Eine sehr kleine Veränderung hat ein Ergebnis zur Folge, das niemals vorherzusehen war.

Bis vor kurzem haben wir die Auswirkungen von Nichtlinearität vernachlässigt, obgleich dieses Konzept in der Natur reichlich vorhanden ist. Wir haben statt dessen gelernt, daß kleine Unterschiede in Mittelwerten zusammengefaßt werden können, daß geringe Variationen sich auf einen Punkt zubewegen und daß Annäherungen uns ein ziemlich genaues Bild davon geben, was geschehen könnte. Die Chaostheorie aber machte Schluß damit. In einem dynamischen, sich verändernden System kann die *winzigste* Variation explosive Folgen haben. Würden wir zum Beispiel zwei Werte in eine Gleichung einsetzen, die sich nur darin unterscheiden, daß man bei dem einen die 31. Stelle hinter dem Komma aufgerundet hat (Rechnungen mit derart genauen Zahlen würden einen Computer von astronomischer Größe verlangen), dann würde nach nur hundert Iterationen die gesamte Berechnung schiefgehen. Die Wege der beiden Systeme würde auf unvorhersagbare Weise auseinanderlaufen. Selbst verschwindend kleine Unterschiede haben Folgen. «Chaos greift sie auf», so der Physiker James Crutchfield, «und läßt sie vor deinen Augen explodieren.» (in: Briggs und Peat 1989, 73)

146

Wissenschaftler weisen heute immer wieder auf die kleinen Unterschiede zu Anfang der Evolution eines Systems hin, die Voraussagen unmöglich machen; man spricht dabei von «empfindlicher Abhängigkeit von Anfangsbedingungen». Der Meteorologe Edward Lorenz sprach als erster von dem «Schmetterlingseffekt». (Am Ende des neunzehnten Jahrhunderts hatte der französische Mathematiker, Physiker und Philosoph Henri Poincaré auf Chaos in dynamischen Systemen und dessen Einfluß auf Vorhersagen hingewiesen, aber erst die Beschäftigung mit der Chaostheorie gegen Ende unseres Jahrhunderts hat das Interesse an Poincarés Erkenntnissen neu geweckt.) Kann der Flügelschlag eines Schmetterlings in Tokio, so fragte Lorenz, einen Tornado in Texas (oder ein Gewitter in New York) hervorrufen? Es spricht nicht für die Zukunft einer genauen Wettervorhersage, daß er die Frage mit Ja beantworten mußte.

Die Wissenschaft ist durch das neue Verhältnis zu dem nichtlinearen Charakter unserer Welt stark verändert worden. Viele der weitverbreiteten Annahmen wissenschaftlicher Theorien mußten zurückgenommen werden. Der Biologe und Mathematiker Arthur Winfree sagt:

«Der Grundgedanke abendländischer Wissenschaft lautet, daß der Fall eines Blattes auf dem Planeten eines anderen Milchstraßensystems nicht in Rechnung gezogen werden muß, um die Bewegung einer Billardkugel auf einem Spieltisch hier auf Erden zu berechnen. Sehr kleine Nebenfaktoren dürfen vernachlässigt werden. Es gibt ein Prinzip der Konvergenz in der Wechselwirkung der Dinge, demzufolge beliebig kleine Einflüsse nicht beliebig große Wirkungen hervorrufen können.» (in: Gleick 1988, 26)

Aber die Chaostheorie hat bewiesen, daß diese Annahmen falsch sind. Die Welt reagiert weitaus empfindlicher, als wir jemals geglaubt haben. Wir halten vielleicht an der Hoffnung fest, daß wir eine Vorhersagbarkeit wiederherstellen können, sobald wir lernen, alle Variablen einzubeziehen, aber das wird uns bei der Berücksichtigung auch des kleinsten Details niemals möglich sein. Iteration verursacht große unvorhersagbare Wirkungen in nichtlinearen Systemen. Auf komplexe Art und Weise, die niemals durch ein Modell festzulegen ist, wird das System immer wieder auf sich selbst zurückgeführt, umfaßt alles, was geschehen ist, vergrößert geringe Variationen, codiert alles in seinem Gedächtnisspeicher und macht sämtliche Vorhersagen unmöglich.

Die Chaostheorie beruht auf Newtons mechanischen Prinzipien, ist aber mit ihrer Unvorhersagbarkeit so ungewiß wie die Quantentheorie. In beiden Wissenschaftsbereichen ist Unsicherheit ein wichtiger Faktor, denn die *grundsätzliche Unteilbarkeit* des Universums läßt es nicht zu, daß es in Einzelteilen untersucht wird. In ihrer faszinierenden Untersuchung der Spiegelwelt von Chaos und Ordnung meinen Briggs und Peat, daß diese Unteilbarkeit «sich hinter dem Chaos versteckt, wenn Wissenschaftler versuchen, dynamische Systeme zu spalten und zu messen, als ob sie aus Einzelteilen bestünden... Die Gesamtform der Dinge hängt von ihrem kleinsten Teil ab. Der Teil *ist* also das Ganze, da sich durch das Verhalten irgendeines Teils das Ganze als Chaos oder als transformative Veränderung manifestieren kann.» (1987, 74–75) Die seltsamen Attraktoren auf unseren Bildschirmen, so Briggs und Peat, sind nicht die Form des Chaos. Sie sind die Gestalt der Ganzheit.

Iteration bringt ein System mit Chaos und mit Ordnung in Berührung. Die schönsten Darstellungen von Iterationen finden wir in der Ästhetik von Fraktalen, durch den Computer hergestellte Modelle, die sich aus der Iteration von ein paar Gleichungen ergeben (siehe auch Kapitel 6). Die gleichen Rechengänge werden immer wiederholt, und die Computerdarstellungen der Ergebnisse verändern sich. Nach zahllosen Iterationen bilden sich Formen aus, detaillierte Gebilde auf immer kunstvollerem Niveau. Überall in dieser in allen Einzelheiten ausgeführten fraktalen Landschaft finden sich Ähnlichkeiten. Das

Muster bleibt sich bei allen Vergrößerungen gleich, unabhängig davon, wie genau wir hinschauen, wie stark wir vergrößern. Es handelt sich um ein Muster in einem Muster in einem Muster. Und diese Reihung hat kein Ende, so klein wir auch den Maßstab wählen. Da die Formationen sich immer weiter fortsetzen, kann man sie auch nicht mit endlichen Maßstäben messen. Wir können dem Umriß der Formation in immer stärkeren Vergrößerungen folgen und hätten bis in alle Ewigkeit etwas zu messen (siehe Abbildungen auf Bildtafeln 2 und 3). Fraktale wurden uns zuerst durch die Forschung von Benoit Mandelbrot von IBM bekannt. Er stellte uns damit eine Sprache zur Verfügung, eine Art von Geometrie, die es uns ermöglichte, die Natur auf neue Weise zu verstehen. Fraktale umgeben uns überall, sie sind in den Mustern der Wolkenbildung enthalten, zeigen sich in Landschaften, in Kreislaufsystemen, im Aufbau der Bäume und anderer Pflanzen. Wir können Fraktale täglich wahrnehmen, aber wußten bis vor kurzem nicht, was sie sind und woher sie kommen.

Fraktale sind weit verbreitet und können uns etwas Neues und Wichtiges lehren. Zum Beispiel ist es unmöglich, jemals das genaue Ausmaß eines Fraktals zu bestimmen. Mandelbrot drückte das in einer einfachen Frage an Kollegen und Studenten aus: «Wie lang ist die Küste von England?» Seine Kollegen entdeckten sehr bald, daß es auf diese Frage keine Antwort gibt. Je stärker man die Küstenlinie für eine genaue Messung vergrößert, desto mehr gibt es zu messen.

Da es also keine definitive Messung gibt, sollte man sich bei einer fraktalen Landschaft auf die *Eigenschaften* des Systems konzentrieren, seine Komplexität und besondere Form, und auf das, wodurch es sich von anderen Fraktalen unterscheidet. Wenn wir diese qualitativen Faktoren vernachlässigen und uns nur auf quantitative Messungen beschränken, werden uns die stets unvollkommenen Daten frustrieren. Fraktale weisen uns auf die Bedeutung *qualitativer* Messungen hin und erinnern uns an das, was wir im Bereich der Systeme über Ganzheit gelernt haben. Wir *können* wissen, und dieses Wissen ist außerordentlich wichtig, wie das Ganze aussieht, wie es sich entwickelt, wie es sich verändert oder auf welche Weise es sich mit einem anderen System vergleichen läßt.

Im Messen von Aktivitäten in Organisationen sind wir Meister. In der Tat tun wir eigentlich nichts anderes. Fraktale weisen uns darauf hin, daß es sinnlos ist zu versuchen, die Einzelteile eines Systems nach immer empfindlicheren Kriterien zu messen. Eine solche reduktionistische Suche kann niemals zu einem befriedigenden Ende führen. Wir werden nie an den Punkt gelangen, an dem wir endlich alles über wenigstens einen Aspekt des Systems wissen. Wenn wir uns mit den Einzelheiten beschäftigen oder versuchen, das System mit Hilfe seiner Quantitäten zu verstehen, dann verlieren wir uns in einer Welt, die wir niemals ganz ausmessen und auch nicht schätzen lernen können. Chaoswissenschaftler untersuchen Formen in Bewegung. Wenn wir unsere Unternehmen auf ähnliche Weise betrachten würden, was könnte man dann als Form und was als Bewegung eines Unternehmens bezeichnen?

Wir kommen einer Antwort auf diese Frage immer näher, wenn wir uns heute in unseren Untersuchungen mehr auf Unternehmen als ganze Systeme konzentrieren, statt uns mit den einzelnen Aufgaben innerhalb eines Unternehmens aufzuhalten. Manche Organisationen verwenden komplexe Systemmodelle (auch in den Kapiteln 2 und 4 erwähnt), um mehr über die Bedeutung des ganzen Systems zu erfahren. Daß sie mehr von der dynamischen Form wissen, machen andere nur dadurch deutlich, daß sie Probleme anders angehen als früher. Bemüht man sich darum, ein Problem mit etwas mehr Abstand zu betrachten, also eine neue Perspektive zu gewinnen, damit es sich aus den Myriaden von Variablen, die es beeinflussen, heraushebt und uns deutlich wird? Werden Menschen dazu angeregt, auf übergreifende Themen und wiederkehrende Muster zu achten, statt nur nach isolierten Ursachen zu suchen? Obgleich manche der analytischen Hilfsmittel, die in Qualitätsprogrammen für Unternehmen angeboten werden, sich anfangs auf unterschiedliche und auch mathematisch minuziöse Informationen stützen, erweisen sie sich später schon deshalb als brauchbar, weil die Mitarbeiter so die komplexe und sich stets verändernde Form des Unternehmens erkennen können und auch schätzen lernen, wie die verschiedensten Kräfte gemeinsam ein Ganzes bilden.

Das Fraktalprinzip hat uns gezeigt, wie die Natur die Formationen schafft, die um uns herum vorhanden sind. Berge, Flüsse, Küsten, Pflanzen, Lungen, Kreislaufsysteme und vieles andere mehr haben fraktale Eigenschaften. Ein Hauptmuster wird in immer kleineren Maßstäben wiederholt (siehe Bildtafeln 2 und 3). Der Wissenschaftler Michael Barnsley wollte ausprobieren, ob er Formen natürlicher Objekte mit ein paar Gleichungen, die die Formen beschreiben, herstellen könnte. Er erfand das «Chaos-Spiel», in dem Objekte entschlüsselt werden, um die Zahlenregeln zu finden, die bestimmte globale Informationen über ihre Form beinhalten (sein erster Versuch war die Form eines Farns). Diese Regeln enthielten nur essentielle Informationen über die Form und waren erstaunlich einfach, ihnen fehlte die detaillierte Information, die wir vielleicht erwarten würden. Barnsley unterwarf die Zahlen in den Gleichungen dann einem Zufallsprozeß und initiierte eine Iteration. Sie konnten jetzt ihren eigenen iterativen Wanderungen folgen und dabei jeden beliebigen Maßstab verwenden. Auf diese Weise entstand ein Computergarten aus Pflanzenformen (siehe Farnabbildungen auf Seite 153).

Barnsleys Arbeit mit «Zufallsfraktalen» und sein Chaos-Spiel können uns viel lehren. Zum einen wird gezeigt, daß es die Vorhersagbarkeit doch gibt. Die von ihm generierten Formen sind vorhersagbar, hängen von den Zahlenwerten ab. Aber der Indeterminismus (Zufall) spielt ebenfalls eine wichtige Rolle. Es ist das Zufallsprinzip, das das Muster in seinen verschiedenen Maßstäben generiert. Dieselben Formen treten zuverlässig überall auf, nachdem man nur ganz simple Anweisungen eingegeben hat und sie im übrigen sich selbst überläßt. Es scheint, als ob die Natur mit ein paar einfachen Regeln und der Anweisung, sie frei anzuwenden und willkürlich zu verändern, die Komplexität und Harmonie in allen uns umgebenden Formen schafft. Fraktale Eigenschaften sind in verschiedenen Disziplinen gefunden worden, als man untersuchte, ob sich selbst ähnliche Phänomene in verschiedenem Maßstab in natürlichen und künstlichen Systemen vorhanden sind. So haben zum Beispiel Wirtschaftsprognostiker und Börsenmakler eine fraktale Eigenschaft im Börsenverhalten festgestellt und erkannt, daß die täglichen und monatlichen Schwankungen nach einem ähnlichen Muster ablaufen.

Meiner Überzeugung nach kann man das fraktale Prinzip auch auf die Führung von Unternehmen anwenden. Die erfolgreichsten Unternehmen haben fraktale Eigenschaften. Ein Beobachter kann die Werte und Geschäftspraktiken eines Unternehmens daran ablesen, wie sich der einzelne Mitarbeiter verhält, unabhängig davon, ob es sich dabei um eine Führungskraft oder einen einfachen Arbeiter handelt. Die Verhaltensqualität auf allen Ebenen innerhalb des Unternehmens ist gleichbleibend und vorhersagbar. In solchen Organisationen kann man überall in der Arbeit und dem Verhalten der Mitarbeiter das gleiche Muster erkennen, unabhängig von den Aufgaben, die sie zu erledigen haben.

Wie kann man solche Eigenschaften fördern? Die formende Kraft für das Verhalten in fraktalen Unternehmen besteht, wie auch in allen natürlichen Systemen, aus einer Kombination einfach ausgedrückter Verhaltensregeln und der Freiheit des einzelnen, sich auf nichtdeterministische Weise zu behaupten. Fraktale Unternehmen, selbst wenn sie den Begriff *fraktal* noch nie gehört haben, haben gelernt, natürlichen Organisationsphänomenen zu vertrauen. Sie wissen, daß durch gewisse Leitprinzipien und bestimmte Wertvorstellungen das Verhalten des einzelnen so beeinflußt werden kann, daß jeder Mitarbeiter zu einem guten Vertreter des Ganzen wird. Ein solches Unternehmen erwartet ähnliche Verhaltensweisen in jedem seiner Bereiche, da die ihnen zugrundeliegenden Prinzipien schon ganz zu Anfang festgelegt worden waren. Fraktale und seltsame Attraktoren machen die Regeln deutlich, nach denen global stabile, aber lokal veränderliche Strukturen selbstorganisierender Systeme aufgebaut sind. In einem biologischen System und auch in der mathematischen Beschreibung eines chaotischen Systems kann die Struktur ihre grundsätzliche Form und bis zu einem hohen Grad auch eine Unabhängigkeit von der Umgebung beibehalten, weil jeder Teil des Systems sich frei innerhalb des Gesamtzusammenhangs ausdrücken kann. Lokale Schwankungen, Zufallsprozesse und Unvorhersagbarkeit bilden schließlich unter leitenden und iterativ auf sich bezogenen Prinzipien eine definitive und vorher-

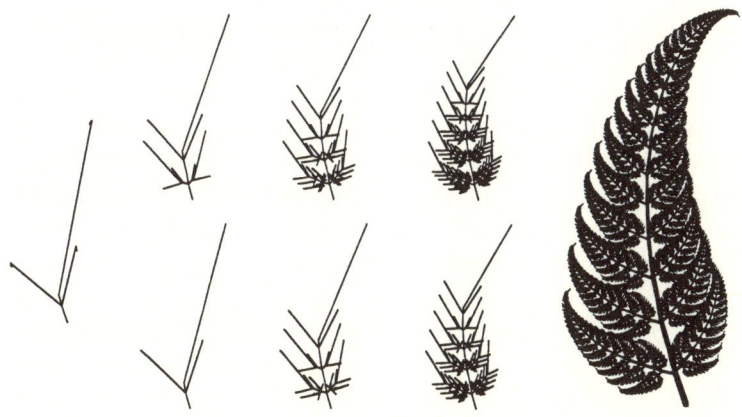

Dieser vom Computer generierte Farn ist ein Produkt von Michael Barnsleys Chaosspiel. Die erstaunliche Imitation wurde durch Zufallsiterationen einiger einfacher Regeln geschaffen, die zusammen die Gesamtform des Farns beschreiben. Eine Form in dieser detaillierten Schönheit, die aufgrund einer simplen Anweisung entsteht, ist das Ergebnis des Zusammenspiels von Chaos und Ordnung.

sagbare Form. Gerade diese merkwürdige Mischung aus Vorhersagbarkeit und Selbstbestimmung fanden einige der ersten Chaosforscher so faszinierend. Die Chaostheorie schien erklären zu können, wie der freie Wille in einem geordneten Universum zum Ausdruck kommt und warum er wichtig ist. «Das System ist deterministisch, aber man kann nicht vorhersagen, was es als nächstes tun wird.» (Gleick 1988, 349)

Aus diesen Überlegungen kann man ohne Schwierigkeiten ableiten, was für eine effektive Führung wichtig ist. Uns wird wieder die Bedeutung einfacher Führungsprinzipien deutlich gemacht: Zukunftsvisionen, solide Wertvorstellungen und organisatorische Grundsätze, nach denen der einzelne sein Verhalten ausrichten kann. Die Aufgabe der Führung ist es, den Mitarbeitern diese Werte und Grundsätze mitzuteilen, sie ständig deutlich zu machen und zu betonen und es dann dem einzelnen zu überlassen, in dem System seinen eigenen Weg zu finden, auch wenn das manchmal auf chaotische und vollkommen willkürliche Weise geschieht.

Das ist keine einfache Aufgabe. Wenn wir mit Systemen in Kontakt kommen, die sich offensichtlich in einem chaotischen Zustand befinden, dann wollen wir nur zu gern eingreifen, stabilisieren und abstützen. Wenn wir es aber fertigbringen, dem Chaos zu vertrauen, dann können wir auch erkennen, daß die grundsätzliche Form des Unternehmens erhalten bleibt, sofern eindeutig Klarheit besteht über Absicht und Ausrichtung. Wenn wir uns darauf konzentrieren, statt zu versuchen, alles bis ins einzelne unter Kontrolle zu behalten, dann schaffen wir ein Klima der Flexibilität und Aufgeschlossenheit, was für jedes Unternehmen wichtig ist. In einer chaotischen Welt müssen Führungskräfte ihre Unternehmen mit umfassenden Konzepten gestalten und nicht dadurch, daß sie komplizierte Regeln oder Kontrollstrukturen aufstellen.

Seit meine Phantasie durch den Begriff «seltsamer Attraktor» beflügelt wurde, habe ich mir überlegt, ob wohl etwas Ähnliches in Unternehmen existiert. Gibt es eine magnetische

Kraft, ein «Aktivitätsbecken», das so anziehend ist, daß es alles Verhalten auf sich lenkt und Kohärenz entstehen läßt? Ich glaube heute, daß es solche Attraktoren tatsächlich gibt und daß Verhaltensweisen in Unternehmen, ja überhaupt im Leben durch den *Sinn* beeinflußt werden. Worauf es uns vor allem anderen ankommt, schreibt Viktor Frankl in seiner Darstellung der Logotherapie, «ist weder das Erlangen von Freude noch das Vermeiden von Schmerz, sondern einen Sinn im ... Leben zu sehen» (1959, 115).

Mir wurde bewußt, welche Rolle Sinn im Überleben von Organisationen spielt, als ich mit einer Reihe von Unternehmen zu tun hatte, bei denen auf Grund von Reorganisation oder Übernahme durch andere Konzerne ein absolutes Chaos herrschte. Plötzlich gab es keine Ziele mehr, und es ging nur noch ums Überleben. Und doch fielen mir Mitarbeiter auf, die weiterhin hart arbeiteten und sich für ihre Firma einsetzten, selbst wenn ihnen nicht einmal zugesichert worden war, daß sie ihre Stellung behalten könnten. Wie zu erwarten, hatten die meisten Mitarbeiter schon aufgegeben, saßen nur ihre Zeit ab und warteten auf den unvermeidlichen Augenblick der Entlassung. Andere aber blieben kreativ und überlegten weiterhin, wie man dem Kunden besser gerecht werden könnte, obgleich ihre Zukunft sehr ungewiß war. Das erstaunte mich sehr.

Anfangs nahm ich an, daß sie einfach den Kopf in den Sand steckten. Als ich mich mit ihnen unterhielt, fiel mir aber auf, daß etwas ganz anderes eine wichtige Rolle spielte. Sie blieben kreativ, versuchten etwas aus dem sie umgebenden Chaos zu machen, weil sie einen Sinn in ihrer Arbeit gefunden hatten, der von den momentanen Umständen des Unternehmens unabhängig war. Mitten in dem Durcheinander blieben sie motiviert und behielten ihre Ziele im Auge. Das aber war ihnen nur möglich, wenn sie auch in der augenblicklichen Situation einen gewissen Sinn sahen. Frankl zeigt in «Der Mensch vor der Frage nach dem Sinn» ganz deutlich, daß ein Gefühl für den Sinn selbst dieses Lebens vielen Menschen in den Konzentrationslagern des Dritten Reiches das Leben rettete. Das einzige, was man uns nicht nehmen kann, schreibt er, ist unsere Einstellung zu einer Situation. Wenn wir uns bemühen, einen Sinn darin zu sehen, können wir überleben und sogar vorwärtskommen. In chaotischen Unternehmen konnte ich genau dieses Phänomen beobachten. Manche Angestellte wußten instinktiv, daß sie das momentane Chaos nur überstehen konnten, wenn sie einen Sinn in ihrer Arbeit fanden. Die Zukunft der Firma wurde darüber beinahe unwichtig. Sie bewahrten sich ihre persönliche Kohärenz, indem sie sich einen Sinn-Attraktor schufen. Vielleicht hatte das Unternehmen keinen rechten Sinn mehr, aber ihr Leben war sinnvoll.

Ich konnte auch beobachten, wie manche Unternehmen bewußt eine sinnbetonte Einstellung förderten, um Zeiten traumatischer Veränderungen zu überstehen. Ich habe miterlebt, wie Chefs sich immer wieder bemühten, ehrlich mit ihren Mitarbeitern über augenblickliche Probleme zu sprechen, über die Schwierigkeiten, die noch zu überwinden waren, und über Pläne für die Zukunft. Solche Gespräche machen besonders in schwierigen Zeiten Mut, weil erklärt wird, warum zur Zeit Opfer gebracht werden müssen und warum es sich lohnt weiterzumachen. Meistens reagieren Mitarbeiter auf eine solche Ehrlichkeit mit Solidarität und erneuter Einsatzbereitschaft.

Jeder von uns möchte so gern wissen, warum etwas geschieht. (Wie oft haben Sie sich selbst oder andere sagen hören: «Ich wünschte nur, sie würden uns sagen, *warum* wir das hier machen müssen.») Instinktiv vertrauen wir Vorgesetzten, die uns helfen wollen, einen Sinn in unserer Aufgabe zu finden. Wir bewundern diejenigen, die unseren Wunsch nach einer sinnvollen Arbeit verstehen und sich für uns einsetzen, und nehmen für sie gern jede Anstrengung auf uns.

Die formativen Fähigkeiten des Sinns erinnern mich an etwas, was ich von selbstorganisierenden Systemen gelernt habe, wo das Prinzip der Selbstreferenz oder des Festhaltens an den eigenen Überzeugungen eine so wichtige Rolle spielt. Ein sich selbst organisierendes System kann wachsen und sich entwickeln und muß dabei nur eine Regel beachten: Es muß im Einklang mit sich selbst in Gegenwart und Vergangenheit sein. Diese grundsätzliche Regel läßt zwar Kreativität zu, setzt aber auch Grenzen, fördert eine freie Entwicklung, aber auch Bindungen, erlaubt deterministisches Verhalten, aber auch freie Willensäußerungen. Wenn ich Sinn als einen seltsamen Attraktor betrachte, dann kann ich auch Verbindungen zu den Neuen Wissenschaften ziehen. Sinn oder Zweck dienen hier als Bezugspunkt. Solange wir uns in der Arbeitswelt und in unserem persönlichen Leben auf den Sinn konzentrieren, können wir auch chaotische Situationen meistern, können wir entscheiden, welches Verhalten dem Sinn unseres Lebens oder unserer Arbeit entspricht, und ein erkennbares Muster oder eine Form für unser Leben finden.

Wenn ein Unternehmen einen Sinn-Attraktor besitzt, kann es dem Mitarbeiter freie Hand lassen, seine Kreativität und Energie so einzusetzen, wie er es für richtig hält. Man braucht nicht mit Regeln und Kontrollen sicherzustellen, daß zwei Menschen auf genau die gleiche Art und Weise handeln. Denn wir wissen, daß beide durch den Attraktor beeinflußt werden und daß ihr Verhalten niemals gewisse Grenzen überschreiten wird. Wir vertrauen darauf, daß sie auf die Anziehungskraft des Attraktors reagieren und in seinem Bereich bleiben. Wir glauben, daß kaum mehr nötig ist als das verbindende Gefühl für den Sinn, der hinter einer Aufgabe steht und der dem einzelnen die Möglichkeit gibt, sich immer wieder auf die eigenen Überzeugungen zu besinnen.

Die Wissenschaft von den seltsamen Attraktoren mit ihren speziellen Bildern und Lehrsätzen hat sich auf vielerlei Weise aus anderen Wissenschaften entwickelt. Die Chaostheorie basiert auf der Newtonschen Mechaniklehre in der makroskopischen Welt und handelt von unsichtbaren Kräften, die Ordnung schaffen und Kohärenz regeln. In der Quantenphysik sind es die Energien, die Gestalt annehmen, wenn sich zwei subatomare

Felder schneiden. In der biologischen Morphogenese werden physische Formen beschrieben, die durch unsichtbare Geometrie definiert sind. Es ist wichtig, daß man (wenigstens vorläufig) die Wissenschaften deutlich voneinander trennt, es ist aber ebenfalls wichtig, eine durchaus vorhandene Ähnlichkeit zu erwähnen. Jeder dieser Wissenschaftsbereiche versucht, unsichtbare Einflüsse zu beschreiben, die geordnete Entstehungs- und Veränderungsprozesse möglich machen.

In der Chaostheorie ist es axiomatisch, daß man niemals sagen kann, wohin sich ein System entwickelt, sofern man es nicht über einen längeren Zeitraum beobachtet hat. Das gleiche gilt für Unternehmen, und das ist auch der Grund, warum es nicht leicht ist, etwas so schwer Faßbarem wie einem seltsamen Atttraktor zu vertrauen. Es braucht Zeit zu erkennen, ob ein Unternehmen, das sich nach einem Sinn ausgerichtet hat, wirklich funktioniert. Einige haben es schon bewiesen und können uns als zukunftsweisende Vorbilder dienen. Wenn wir das aber nicht selbst erlebt haben, dann können wir nur hoffen und glauben. Wenn unser Universum jedoch immer mehr dieser unsichtbaren Verbündeten offenbart, können wir vielleicht schließlich daran glauben, daß Systeme eine geordnete Gestalt annehmen werden, wenn sie als Mittelpunkt klare Bezugspunkte zu sich selbst haben.

Unser eigenes Leben, das sich genau in dieser Art und Weise entwickelt, kann uns hier als Beweis dienen. Am Ende unseres Lebens können wir unsere persönlichen «Attraktorbekken» erkennen. Wie hat sich unser Leben gestaltet? Warum erscheint jetzt sinnvoll, was wir ehemals für den blanken Zufall hielten? Warum haben «zufällige» Begegnungen so genau in unsere Entwicklung gepaßt? Wir stellen fest, daß wir von einem Sinn beeinflußt worden sind, der nur für uns persönlich einen Wert hat. Wir entwickeln jetzt ein besseres Verständnis für den Sinn, der unseren Handlungen zugrunde lag und der uns so lange verborgen war. Gleichgültig, ob wir glauben, daß wir diesen Sinn unserem Leben nur hinterher aufgepfropft haben, damit es nicht sinn-los war, oder ob wir Sinn für präexistent in einem zweckbewußten Universum halten, es ist letzten Endes immer nur der Sinn, den wir suchen. Nichts sonst kann uns interessieren, nichts sonst hat die Kraft, ein ganzes, aktives Leben zusammenzuhalten. Wir werden zu der Gaia der Antike, die mutig die Leere in die Arme schloß und wußte, daß sie aus den dunklen Tiefen des Chaos immer wieder Ordnung hervorbringen konnte.

ACHTES KAPITEL

Management und die Erkenntnisse
der Neuen Wissenschaft

«Die Wissenschaft hat einen Einfluß darauf, wie wir als
Menschen in der Gemeinschaft denken.»
Lewis Thomas

Schon seit es eine Geschichte des menschlichen Denkens
gibt, sind neue Erkenntnisse oder eine neue Sicht der Welt häufig
«spontan» an weit entfernten Orten gleichzeitig aufgetaucht
oder kristallisierten sich zur selben Zeit in ganz unterschiedlichen Disziplinen heraus. Darwin stellte seine Evolutionstheo-
rie beinahe zur selben Zeit vor wie ein anderer Forscher in
Malaya, der sehr ähnliche Thesen veröffentlichte. Der Physiker
David Peat hat darauf hingewiesen, daß die These, Licht sei Energie, sich über die Jahrhunderte parallel in Kunst und Wissenschaft entwickelt habe. Die holländischen Meister des sechzehn-
ten Jahrhunderts malten den Effekt, den der von außen einfallendes
Licht auf Innenräume hatte, wie es durch Ritzen und unter Türen
in den Raum drang oder durch buntes Glas verändert wurde. Zur
gleichen Zeit untersuchte Sir Isaac Newton Prismen und die Art
und Weise, wie Licht durch kleine Öffnungen dringt. Zweihun-
dert Jahre später malte William Turner Licht als Energie, als
wirbelnde Kraft, die sich in den verschiedensten Formen auflö-
ste. Gleichzeitig stellte der Physiker James C. Maxwell seine
Lichtwellentheorie auf, nach der Licht aus einer kreisenden Bewegung elektrischer und magnetischer Felder entsteht. Zu der
Zeit, als die Maler des Impressionismus herausfanden, daß Licht
Formen auflösen konnte, selbst wenn es als kleine Punkte ge-
malt wurde, entstand die Theorie der Physiker, daß Licht aus

winzigen Energiepäckchen, sogenannten Quanten, besteht (Peat 1987, 31–32; für eine ausführliche Beschreibung des Synchronismus von Kunst und Physik siehe Schlain 1991).

Erst vor kurzer Zeit ist man darauf gekommen, daß auch parallele Konzepte in Wissenschaft und Wirtschaft existieren. Als AT&T begann, eine Fülle elektronischer Netzwerke und Verbindungsmöglichkeiten auf den Markt zu bringen, begannen Quantenphysiker uns Laien die kosmischen Zusammenhänge zu erklären. Fachleute aus Wissenschaft und Wirtschaft benutzen ein erstaunlich ähnliches Vokabular, wenn sie von dieser neuen Welt der Verknüpfungen sprechen. Wenn der Präsident von Levi Strauss, Robert Haas, in einem Interview sagt: «Wir befinden uns im Zentrum eines nahtlosen Netzes wechselseitiger Verantwortlichkeit und Zusammengehörigkeit..., einer nahtlosen Partnerschaft, miteinander verknüpft und sich gegenseitig verpflichtet», dann vermeint man da deutlich die Stimmen der Physiker im Hintergrund zu vernehmen (in: Howard 1990, 136).

In den letzten Jahren hat man ganz neue Denkmodelle im Hinblick auf Organisationen jeglicher Art aufgestellt. Ob es sich dabei um große Unternehmen, um Mikroben oder scheinbar inaktive chemische Strukturen handelt, uns interessieren die «selbst-erneuernden» Eigenschaften von Organisationen. Wir suchen nach dem, was Vitalität und Wachstum sowohl in der Natur als auch an unseren Arbeitsplätzen fördert.

Eine Beziehung zwischen Wirtschaft und Naturwissenschaft besteht schon seit vielen Jahren. Das Newtonsche Denken hatte zwar Planung und Aufbau von Organisationen auf manche Weise unabsichtlich inspiriert, aber erst in den frühen Jahren dieses Jahrhunderts wurden seine Erkenntnisse bewußt in der Managementtheorie verwendet, die dadurch in der Zeit, als man Management «wissenschaftlich» verstand, an Glaubwürdigkeit gewann. Frederick Taylor, Frank Gilbreth und viele andere beschäftigten sich mit dem Arbeitsprozeß, untersuchten das Verhältnis von Zeit und Bewegung, um die größtmögliche Effizienz zu finden. Sie teilten den Arbeitsprozeß in einzelne Teilaufgaben auf, die auch von einem völlig unausgebildeten Arbeiter erledigt werden konnten. Einige dieser starren, fragmentierten Strukturen aus der Zeit haben wir vielleicht schon hinter uns gelassen, aber die Arbeitsweise der traditionellen Wissenschaft bestimmt immer noch unsere Handlungsprinzipien. Planung, Meßmethoden, Motivationstheorie und organisatorische Entwürfe zeigen nach wie vor den Einfluß dieser Art von Wissenschaft. Vor ein paar Monaten nahm ich an einer sozialwissenschaftlichen Tagung teil. Bei jedem der Vorträge fiel mir auf, wie sehr wir Sozialwissenschaftler uns bemühen, möglichst «wissenschaftlich» vorzugehen, so, als hätten wir Angst, weniger glaubwürdig zu sein, wenn wir unsere enge Verbindung zu Mathematik und Physik nicht immer wieder deutlich machen. (William Bygrave, ein ausgebildeter Physiker, der sich heute aber mehr mit den Problemen von Organisationen beschäftigt, nennt eine solche Einstellung «Physik-Neid» [1989, 16].)

Ich erinnere mich an einen Vortrag, bei dem ein Organisationstheoretiker eine lange Formel an die Tafel schrieb, die angeblich alle Variablen enthielt, die für einen Angestellten wichtig seien, der sich weiterbilden will. Fairerweise muß ich sagen, daß ich in all meinen Berufsjahren immer eine tiefe Abneigung verspürte, wenn das Verhalten des Menschen in Formeln ausgedrückt werden sollte. Ich saß da wie versteinert. Die Formel enthielt eine lange Reihe von Variablen, von beschreibenden Faktoren, die mathematisch präzise miteinander verknüpft waren. Mein Kopf dagegen war voll von dem, was ich erst kürzlich gelesen hatte. Da ging es um undeutliche Partikel, die nur als kurzzeitige Verbindungen in dem Netz eines zusammenhängenden Universums existent waren, und um Kontaktmomente, die nicht prognostiziert werden konnten. Plötzlich fiel mir die Ironie der Situation auf. Wir Sozialwissenschaftler versuchen möglichst objektiv zu sein und verwenden dabei die Methoden und Gedankenmuster der Wissenschaftler aus dem siebzehnten Jahrhundert, und die Naturwissenschaftler von heute bewegen sich mit Lichtgeschwindigkeit von uns fort in einen Bereich, in dem völlig neue Überlegungen eine Rolle spielen. Es scheint, daß gerade dann, wenn die Sozialwissenschaftler gelernt haben, wissenschaftlich zu arbeiten und endlich in der Lage sind, lange Reihen von Variablen in eindrucksvollen Formeln zusammenzufassen, die Naturwissenschaftler schon wieder einen großen Schritt weiter sind und sich Hals über Kopf in den alles umfassenden «Seins-Brei» gestürzt haben, mit dem sich eine neue Realität beschreiben läßt.

Wir sollten wieder die Verbindung mit der heutigen Naturwissenschaft aufnehmen, nicht nur, weil wir immer schon Erkenntnisse aus der Wissenschaft verwendet haben, sondern weil wissenschaftliche Konzepte und Methoden tief in unserem kollektiven Unterbewußtsein verankert sind. Wir können ihrem Einfluß nicht entgehen, können die Bilder nicht ausschalten, die als dominante Denkmuster unserer Gesellschaft fest in unseren Köpfen verankert sind.

Die moderne Wissenschaft kann uns dazu anregen, eine andere Vorstellung von der Art und Weise zu entwickeln, in der Neues erforscht wird. Der Nobelpreisträger Sir Peter Medawar sagte, daß Wissenschaftler «erklärende Strukturen errichten, *Geschichten erzählen*, die dann rigoros daraufhin getestet werden, ob sie vom wirklichen Leben handeln» (in: Judson 1987, 3). Mir gefällt dieses Bild des Geschichtenerzählers. Jeder von uns könnte ein solcher sein. Wir alle würden unser Garn spinnen, würden versuchen, einander am Lagerfeuer zu übertreffen, und testen, welche Geschichten unseren Vorstellungen und unseren Lebenserfahrungen am besten entsprechen. Wenn wir uns selbst im Licht dieses Feuers ehrlich betrachten können, wenn es uns weniger wichtig wäre, der Sache «auf den Grund» zu gehen – als ob es da draußen wirklich noch eine objektive Realität gäbe –, dann könnten wir unser Leben ganz anders, nämlich mehr spielerisch leben. Lewis Thomas meint, man könne immer am Lachen ablesen, ob in einem Forschungslabor etwas Wichtiges passiert. Unerwartete Entdeckungen wirken anfangs häufig komisch auf uns. «Immer wenn Lachen aus dem Labor dringt», so Thomas, «und jemand sagt: ‹Aber das ist doch *absurd*!›, dann kann man sicher sein, daß alles gut läuft und daß wahrscheinlich etwas Bemerkenswertes in dem Labor geschieht.» (in: Judson 1987, 71)

Wäre es nicht für uns alle wünschenswert, wenn in den geheiligten Hallen des Managements mehr gelacht würde? Ich wenigstens fände es wunderbar, wenn ich Menschen begegnete, die sich über Unvorhergesehenes freuen, statt eine Todesangst davor zu haben, wie es heute meistens der Fall ist. Würden wir uns die moderne Wissenschaft zu Herzen nehmen, dann würden wir nach Überraschungen geradezu suchen, würden wir uns über alles Neue freuen, wenn es sich uns schließlich zeigt. Sich überraschen zu lassen *ist* der einzige Weg zu neuen Entdeckungen, der einzig mögliche Pfad auf unserer Suche nach den wichtigen Prinzipien, die unserer Arbeit zugrunde liegen sollten. Der Tanz des Universums sollte sich auch auf unsere Beziehungen auswirken. Es ist nicht wichtig, die Schritte vorher zu beherrschen. Wichtig ist allein, sich auf die Musik einzulassen und sich auf die Tanzfläche zu wagen.

Daß die Natur auf allen Ebenen immer wieder ähnlich vorgeht, ist eines der Leitprinzipien wissenschaftlicher Forschung. Und für mich ist diese Sparsamkeit der Naturgesetze ein weiteres Argument dafür, warum wir die Wissenschaft ernst nehmen müssen. Wenn die Natur ihre unendliche Vielfalt nach bestimmten Grundregeln hervorbringt, dann ist es sehr wahrscheinlich, daß diese Prinzipien auch auf menschliche Organisationen anzuwenden sind. Es gibt keinerlei Anlaß zu glauben, daß wir eine Ausnahme bilden. Die Neigung der Natur, sich selbst treu zu bleiben, kann uns viel lehren. Unter diesem Aspekt lassen sich heutige Managementmethoden leichter beurteilen, Modeerscheinungen und oberflächliche Vorschläge als solche erkennen, und wir können uns statt dessen auf das konzentrieren, was sich auch grundsätzlich bewähren wird. Da ich mir der Richtung der modernen Wissenschaft bewußt bin, kann ich das

«Brot der Erkenntnis» auch besser von dem «Fast food» eines Guru-Ratschlags unterscheiden. In den vergangenen Kapiteln habe ich schon Verbindungen zwischen der Neuen Wissenschaft und heutigem Managementdenken angedeutet. Im folgenden möchte ich einige noch besonders hervorheben.

Es gibt viele Kritiker der heutigen Bemühungen, Management offener, partizipativer zu gestalten. Handelt es sich dabei wirklich nur um eine Modeerscheinung, die wie viele andere nach einer Weile wieder in Vergessenheit geraten wird? Basiert sie auf demokratischen Prinzipien und läßt sich daher nicht auf andere Kulturen übertragen? Handelt es sich dabei vielleicht nur um eine sehr geschickte Methode, Mitarbeiter zu manipulieren? Oder gibt es noch eine andere Erklärung? Diese Fragen wurden für mich von der Quantenphysik beantwortet. Ich bin fest davon überzeugt, daß die zunehmende Bedeutung, die der Partizipation zugeschrieben wird, etwas damit zu tun hat, daß sich unsere Vorstellungen von den Organisationsprinzipien des Universums verändern, auch wenn uns dieser Zusammenhang wohl vorläufig noch nicht bewußt ist. Es klingt vielleicht anmaßend, aber die Erkenntnisse der Quantenphysik betonen die Bedeutung der Partizipation und ihren Einfluß auf das Schaffen der Realität. Wenn Physiker das Universum als partizipierend beschreiben, dann können wir uns doch nur als Teil dieses Universums begreifen und versuchen, die gleichen Eigenschaften in unsere Managementmethoden einzubringen. Wird Partizipation einmal wieder unwichtig werden? Erst wenn sich unsere naturwissenschaftlichen Erkenntnisse grundlegend ändern sollten.

Wegen des partizipierenden Charakters der Wirklichkeit konzentrieren sich Wissenschaftler heute auf Beziehungen. Im subatomaren Bereich gibt es nichts, kann nichts beobachtet werden ohne ein Zusammentreffen mit einer anderen Energiequelle. Diese Betonung der Wichtigkeit von Beziehungen spielt heute auch bei Unternehmensberatungen eine große Rolle. Viele Jahre lang galt der Grundsatz: «Management erbringt Leistungen durch andere.» Das Wichtige dabei waren die Leistungen;

die «anderen» waren eher Störfaktoren, die konform und nach Anweisung funktionieren mußten. Erst seit kurzer Zeit weist man Manager darauf hin, zu bedenken, daß es *Menschen* sind, die für sie arbeiten. Und es sind Menschen, die wie sie selbst Anerkennung und ein Gefühl der Dazugehörigkeit brauchen. Je mehr sie (wir) sich als Teil der Organisation fühlen, desto mehr wird geleistet.

Das bringt natürlich eine Reihe von neuen, besonders von Beziehungsproblemen mit sich, über die viel diskutiert wird. Wie können wir Menschen dazu veranlassen, gut zusammenzuarbeiten? Wie können wir Vielfalt fördern und zu unserem Vorteil nutzen? Aus welchem Grund arbeitet ein Team schnell und effizient? Wie können wir Konflikte beilegen? Diese neuen *Beziehungen* sind verwirrend und nicht immer leicht zu handhaben. Die meisten Manager bedauern vor allen Dingen, daß sie während des Studiums nicht mehr über den richtigen Umgang mit Mitarbeitern gelernt haben.

Führungspersönlichkeiten müssen heute sehr viel mehr auf menschliche Beziehungen innerhalb des Unternehmens achten. Sie sollen heute Aktionäre an den Vorentscheidungen beteiligen, sollen Firmentreue fördern und Verantwortung delegieren. Als wir uns allein auf die Aufgabe konzentrierten und die Menschen dabei nur als lästig und unbequem empfanden, ging es bei der Frage nach der richtigen Führung nur um die Situation. Eine bestimmte Situation erforderte eine bestimmte Führungspersönlichkeit. Vor nicht langer Zeit aber bildete sich ein neues Verständnis von Führung heraus. Führung ist selbstverständlich *immer* von der Umgebung abhängig, aber diese Umgebung wird durch die *Beziehungen*, die uns wichtig sind, geprägt. Es ist nur möglich, eine Situation zu verändern, wenn wir das komplexe Beziehungsnetz der Menschen berücksichtigen, die zu unserem Unternehmen gehören. Ist eine solche Einstellung nur eine Modesache? Oder hat das Universum wirklich Einfluß auf unser Arbeitsleben?

Partizipation und Beziehungen zu anderen sind nur ein

Teil unseres derzeitigen Dilemmas. Hier sitzen wir also im Zeitalter der Information, werden mit mehr Informationen konfrontiert, als unser Gehirn fassen kann, und versuchen, die Komplexität zu begreifen, die um uns herum zunimmt. Ist Information mehr als ein neues kompliziertes Werkzeug des Managements? Was aber, wenn der Physiker John Archibald Wheeler recht hat und Information das Grundsätzliche des Universums ist? Dieses Universum baut sich nicht aus Gegenständlichem auf, sondern aus so etwas Abstraktem wie Information, und der Sinn stellt die «Software» zur Verfügung, damit Formen entstehen können (Talbot 1986, 157–158). Wenn das Universum nichts weiter *ist* als das unsichtbare Wirken der Information, dann könnte das erklären, warum Quantenphysiker Bindungen zwischen Teilchen beobachten können, die über Zeit und Raum hinausgehen, oder warum durch den Akt des Beobachtens bereits verändert wird, was wir sehen. Information muß den Gesetzen von Energie und Materie nicht gehorchen; sie kann statt dessen Form annehmen oder auch unmittelbar und überall im Informationsbild des Universums kommunizieren.

Unsere Unternehmen leiden keinesfalls nur aus technischen Gründen an einer Überlastung durch Informationen, denn wir können dieses Dilemma auch nicht lösen, indem wir Informationen immer geschickter sortieren und zuordnen. Wir müssen uns auf etwas ganz anderes und sehr viel Umfassenderes einlassen. Wir müssen, und das läßt sich nicht mehr aufhalten, ein neues Verhältnis zu der Schaffenskraft der Natur bekommen. Auch wenn wir uns lange dagegen sträuben, letzten Endes müssen wir akzeptieren, daß Information, die frei entsteht und frei ausgetauscht wird, die einzige Hoffnung für unsere Unternehmen darstellt. Wenn wir ihre generativen Eigenschaften nicht erkennen können, werden wir auch in dieser neuen Welt nicht zurechtkommen.

In dieser neuen Welt müssen wir auch ein neues Verständnis von Autonomie entwickeln. Viele Manager glauben, daß Autonomie zu leicht in Anarchie umschlägt und daß man deshalb sehr vorsichtig damit umgehen muß. Einer drückte es trocken so aus: «Ich glaube an vollkommen selbständiges Arbeiten, solange es nicht die mir unmittelbar unterstellten Mitarbeiter betrifft.» Und doch besteht überall in der Natur Ordnung inmitten von Veränderungen, da Selbständigkeit auf lokaler Ebene vorhanden ist. Untergeordnete Einheiten absorbieren Veränderungen, reagieren darauf, passen sich an. Und aus diesem ständigen Fluß entsteht der wunderbare Zustand der *globalen* Stabilität. Die Natur schafft Bewegungen auf allen Ebenen, anstatt kleine stabile Einheiten zu entwickeln und daraus dann Stück für Stück ein stabiles System aufzubauen. Und diese Bewegungen bilden ein zusammenhängendes Ganzes, das auf globalem Niveau den meisten Veränderungen widerstehen kann, eben weil in das System selbst soviel innere Bewegung eingebaut ist.

Die Bewegung dieser Systeme bleibt aufgrund einer Kraft im Einklang, deren Bedeutung wir erst langsam verstehen: die Fähigkeit zum Selbstbezug. Statt sich wahllos in verschiedene Richtungen zu entwickeln, muß jedes Teil des Systems bei einer Veränderung sich selbst treu bleiben und alle anderen Teile des Systems berücksichtigen. Selbst einfache Zellen erkennen die Absicht des gesamten Systems. Es gibt eine grundsätzliche Verbindung zwischen der Aktivität des einzelnen und dem Ganzen. Könnte es sein, daß die Natur sich nach einer Grundregel richtet, die Shakespeare «Sei dir selber treu» (Polonius in: Hamlet, Akt I, Szene III) nannte?

Ich glaube, daß Selbstbezug eines der wichtigsten Prinzipien in unserem und dem Leben unserer Unternehmen ist. Management gewinnt so betrachtet eine ganz andere Bedeutung, und die Lösung vieler Probleme, mit denen wir uns heutzutage herumschlagen, wie Kontrolle, Motivation, Ethik, Wertvorstellungen, Veränderung, wird sichtbar. Wenn dieses Prinzip angewendet wird, können lebende Organismen eindeutig von Maschinen unterschieden werden. In der Fernsehserie «Star Trek» wurde eine wirksame Methode gezeigt, Computer zu zerstören:

Man brauchte sie nur mit einem selbstbezüglichen Befehl zu programmieren, zum Beispiel: «Beweise, daß deine Hauptdirektive nicht deine Hauptdirektive ist» (Briggs und Peat 1989, 67). Da sich die Logik in unendlichen Iterationen immer wieder auf sich selbst bezieht, sich also im Kreise dreht, wird die Maschine schließlich ihre Schaltkreise überhitzen. Zen-Meister wenden die gleiche Methode in Form von paradoxen Fragen, den «Koans», an, aber sie wissen, daß das menschliche Gehirn keine Maschine ist und daß wir durch auf das Selbst bezogene Übungen zu neuen Bewußtseinsebenen gelangen können.

Vielleicht ist Selbstbezug die beste Methode, um die präzise Maschinenwelt Newtons hinter uns zu lassen. Wir können mit Hilfe von Selbstbezug Lebendes von Totem trennen, wir können offene Systeme, die durch autonome Iterationen gedeihen, von den rein mechanistischen Aspekten einer Organisation unterscheiden, von Systemen, die am besten im Gleichgewicht funktionieren. Bevor wir aber das Prinzip des Selbstbezugs anwenden können, müssen wir uns noch mit einem tieferen Problem befassen. Wir müssen darauf vertrauen, daß etwas so Einfaches wie ein paar grundsätzliche und unmißverständliche Werte und Zielvorstellungen, die durch einen fortwährenden Dialog im Bewußtsein bleiben, uns zur Klarheit führen kann.

Auch auf die Gefahr hin, daß ich antiquiert und allzu vereinfachend wirke, möchte ich noch eine Vermutung aussprechen. Wenn Managementmethoden jemals in einem grundlegenden Prinzip zusammengefaßt werden können, dann wird es sich dabei meiner Meinung nach um das Prinzip des Selbstbezugs handeln. Es sind nicht nur die Erkenntnisse der modernen Wissenschaft, die mich zu dieser Überzeugung gebracht haben. Wenn ich sehe, wie sich mein eigenes Leben gestaltet hat, was ihm Sinn gibt und wie es sich verändert und entwickelt hat, dann verstehe ich genau, wie dieses Prinzip funktioniert. Für mich gibt es nur den Weg, den die Neue Wissenschaft aufgezeigt hat. Wie alle Fahrten ins Neuland führt auch diese durch Licht und Dunkel, begegnet den Schrecken des Ungewissen und den

Freuden überwältigender Erkenntnisse. Einige Umrisse und Orientierungspunkte sind schon deutlich zu sehen, andere müssen noch entdeckt werden. Niemand, erst recht nicht der Wissenschaftler, kann sagen, wohin diese Fahrt geht. Aber der Weg scheint vielversprechend, und ich kann fühlen, wie in mir die Leidenschaft des Entdeckers aufsteigt. Ich bin froh, daß ich wieder so etwas wie Wunder und Ehrfurcht empfinden kann.

Sich wohl fühlen in der Ungewißheit

«Weisheit bedeutet harmonisch im Universum leben, einem
Ort der Ordnung und Gerechtigkeit, der über das Chaos
triumphiert und wo der Zufall dem endgültigen Sinn des
Universums dient.»

Matthew Fox

Auf der anderen Seite des Tals wärmen die letzten Farben des Tages den Horizont. Zweidimensional schiebt sich die
Dämmerung über das Land, löst die Konturen auf und läßt die
dunkellila Berge flach gegen den strahlend rosa Himmel erscheinen. Vor sechs Monaten ist ein Vulkan auf den Philippinen
ausgebrochen, und bei jeder Abenddämmerung schimmert sein
Staub rot in der Atmosphäre und verstärkt noch die intensiven
Farben des Himmels. Ich sitze einfach da, in dieses merkwürdige
Licht getaucht und umgeben von dunkelroten Bergen.

Seit ich mich mit Ordnung und Chaos und Quantenge-
schehen befaßt habe, bewege ich mich anders in dieser Welt. Sie
ist ein merkwürdiger, rätselhafter Ort für mich geworden, in
dem ich mich nicht auf das verlassen kann, was ich einst gewußt
habe, und noch keine neue tröstliche Sicherheit gewonnen habe.
Die Überzeugung, daß es neue Wege gibt, auch wenn sie noch
nicht deutlich zu erkennen sind, macht zwar alles interessanter,
aber während ich dieses Buch schrieb, mit seinen Ideen herum-
spielte und sie an anderen ausprobierte, ist mir klargeworden,
wie schwierig es ist, *ohne* eine Gewißheit zu leben. Ich habe immer wieder an mir und anderen festgestellt, wie sehr wir uns
danach sehnen, daß diese neuen Erkenntnisse sich schnell in
verläßliche Werkzeuge und Methoden umsetzen lassen. Wir füh-

len uns mit dem Chaos nicht wohl, mögen es nicht einmal in unsere Gedanken einlassen und möchten uns, so schnell es geht, von Unsicherheit befreien. Aber die moderne Wissenschaft hilft mir unter anderem auch verstehen, welchen Zweck das Chaos erfüllt und welche Rolle es in der Selbst-Organisation einnimmt. Ich glaube, daß ich heute den Chaoszustand nicht nur hinnehme, sondern daß ich ihn jetzt auch zuversichtlicher als notwendigen Schritt zu einer besseren Organisation betrachten kann. Als ich kürzlich ein Seminar mit Studenten abhielt, die sich mit einem schwierigen neuen Wissensgebiet befassen sollten, merkte ich, daß meine Ratschläge jetzt in eine andere Richtung gingen. Die Studenten wollten ein Modell oder ein Gerüst aufstellen, in das sie dann Information einpassen konnten, ich dagegen wollte der Information freien Lauf lassen. Sie wollten organisiert an das Projekt herangehen, ich war dafür, daß sie sich getrost in das Durcheinander stürzten. Ich hielt sie dazu an, sich mehr Informationen zugänglich zu machen, als sie verarbeiten könnten. Ich versprach ihnen, daß zu einem bestimmten Zeitpunkt die Informationsfülle sich in ihnen selbst organisieren würde und interessante Vorstellungen und Ideen daraus entstünden.

Weder sie noch ich haben bisher das Ergebnis ihrer Bemühungen gesehen, aber ich weiß, daß sich meine Ratschläge nicht nur auf die Neue Wissenschaft stützen, sondern auch auf meine eigenen Erfahrungen. Ich habe, wie Sie wahrscheinlich auch, genug mit Information gearbeitet, daß ich erfahren habe, wie sie mit unserer Hilfe eine neue Form gewinnt. Aber ich brauchte die neuen wissenschaftlichen Erkenntnisse, um das zu verstehen. Ich glaube, daß jeder von uns auf eine ähnliche Weise viele der seltsamen Ideen in diesem Buch als zutreffend bestätigen kann, wenn wir uns unsere eigenen Erfahrungen nur etwas gründlicher ansehen. Wir haben eigentlich nur eine neue Brille bekommen, durch die wir endlich sehen können, was schon immer da war.

Für den amerikanischen Philosophen Ralph Waldo Emerson (1803–1882) war das Leben eine ständige Begegnung mit dem Unbekannten, und er beschrieb es so: «Wir wachen auf und befinden uns auf einer Treppe. Unter uns sind Stufen, die wir anscheinend schon gemeistert haben, über uns sind Stufen, deren Ende nicht zu sehen ist.» (in: Eiseley 1978, 214) Die Treppen des Verstehens, die wir jetzt erklimmen, fühlen sich anders an. Sie sind weniger stabil, schwerer zu erkennen und stellen größere Anforderungen an uns. Sie verlangen etwas ganz Neues von uns.

Bei unseren früheren Expeditionen wollten wir etwas entdecken und es dann, als Antwort oder Lösung formuliert, an andere weitergeben. Heute aber befinden wir uns auf einer Reise, auf der es darum geht, gemeinsam und gleichzeitig zu entdecken. Meiner Meinung nach können wir voneinander nur neue und interessante Informationen erwarten, *keinesfalls* aber Antworten. Die Quantenrealität lehrt uns, daß eine Lösung nur ein kurzzeitiges Geschehen ist, eng gebunden an den Kontext und entstanden durch die Beziehung von Menschen und Umständen. Es wird keine Mäzene mehr geben, die hoffnungsvoll auf unsere Rückkehr warten, sondern immer mehr Forscher, die sich allein auf den Weg machen.

Das klingt beunruhigend, und auch ich sehne mich eigentlich immer noch danach, daß irgendwann und irgendwo jemand mit den richtigen Antworten zurückkehrt. Aber ich weiß, daß diese Hoffnungen veraltet sind und nicht mehr zu unserer heutigen Vorstellung vom Universum passen. In dieser neuen Welt lassen wir Dinge geschehen, handeln wir, während wir bereits auf dem Weg sind, nicht weil uns die Fähigkeiten zum Planen fehlen, sondern weil ein solches ungeplantes Verhalten der Realität des Universums entspricht. Realität verändert Gestalt und Sinn auf Grund unserer Aktivitäten. Sie formt sich ständig neu. Wir müssen als aktive Teilnehmer dabeisein. Ohne uns kann die Welt nicht Wirklichkeit werden, und niemand kann diese Aufgabe für uns übernehmen.

Diese Welt ist eine seltsame Welt, und es sieht so aus, als

würde sie noch merkwürdiger werden. Niels Bohr, dessen lange nächtliche Gespräche mit Heisenberg häufig in Verzweiflung endeten, sagte einmal, daß großartige Erfindungen anfangs immer verwirrend und seltsam erscheinen. Von ihrem Entdecker nur halbwegs verstanden, bleiben sie für jeden anderen ein Geheimnis. Er meinte aber weiter, daß eine Idee keine Chance habe, sich durchzusetzen, wenn sie nicht bizarr erscheine (in: Wilbur 1985, 20). Wir müssen also mit dem Seltsamen und dem Bizarren leben, selbst während wir Treppen emporsteigen, die uns einen klareren Ausblick verschaffen sollen. Jeder Schritt verlangt, daß uns die Ungewißheit keine Angst macht und daß wir von der Wichtigkeit des Chaos überzeugt sind. Letztlich müssen wir uns so durchwursteln. Aber inmitten all der Verwirrung, und ich hoffe, daß ich das niemals vergessen werde, können wir mit sicherem Schritt vorangehen. Denn diese Stufen, die wir erklimmen, führen uns immer tiefer in ein Universum hinein, das eine ihm eigene Ordnung besitzt.

WEITERFÜHRENDE LEKTÜRE

Gesamtdarstellungen

Briggs, John, und F. David Peat. *Turbulent Mirror: An Illustrated Guide to Chaos Theory and the Science of Wholeness*. New York: Harper and Row, 1989. Deutsch: *Die Entdeckung des Chaos. Eine Reise durch die Chaos-Theorie*. München: Hanser, 1990.

Capra, Fritjof. *The Turning Point: Science, Society and the Rising Culture*. New York: Bantam Books, 1983. Deutsch: *Wendezeit. Bausteine für ein neues Weltbild*. München: Scherz, 1987.

Cole, K. C. *Sympathetic Vibrations: Reflections on Physics as a Way of Life*. New York: Bantam Books, 1985.

Coveney, Peter, und Roger Highfield. *Arrow of Time: A Voyage Through Science to Solve Time's Greatest Mystery*. New York: Fawcett Columbine, 1990. Deutsch: *Anti-Chaos. Der Pfeil der Zeit in der Selbstorganisation des Lebens*. Reinbek: Rowohlt, 1992.

Ferris, Timothy. *Coming of Age in the Milky Way*. New York: Doubleday, 1988. Deutsch: *Galaxien*. Basel: Birkhäuser, 1992 (5. Auflage).

Peat, F. David. *The Philosopher's Stone: Chaos, Synchronicity and the Hidden Order of the World*. New York: Bantam Books, 1991. Deutsch: *Der Stein der Weisen. Chaos und verborgene Weltordnung*. Hamburg: Hoffmann und Campe, 1992.

Talbot, Michael. *Beyond the Quantum*. New York: Bantam Books, 1986. Deutsch: *Jenseits der Quanten. Wie die neue Physik die Kluft zwischen Wissenschaft und Glauben überbrückt*. München: Heyne, 1990.

Wilber, Ken, ed. *The Holographic Paradigm and Other Paradoxes: Exploring the Leading Edge of Science*. Boston: Shambala, 1985. Deutsch: *Das holographische Weltbild. Wissenschaft und Forschung auf dem Weg zu einem ganzheitlichen Weltverständnis*. München: Heyne, 1990.

Quantenphysik

Capra, Fritjof. *The Tao of Physics*. New York: Bantam Books, 1976. Deutsch: *Das Tao der Physik. Die Konvergenz von westlicher Wissenschaft und östlicher Philosophie*. München: O. W. Barth, 1984.

Capra, Fritjof. *The Turning Point: Science, Society, and the Rising Cul-*

ture. New York: Bantam Books, 1983. Deutsch: *Wendezeit. Bausteine für ein neues Weltbild.* München: Scherz, 1987.

Gribbin, John. *In Search of Schroedinger's Cat: Quantum Physics and Reality.* New York: Bantam Books, 1984. Deutsch: *Auf der Suche nach Schrödingers Katze. Quantenphysik und die Wirklichkeit.* München: Piper, 1987.

Herbert, Nick. *Quantum Reality: Beyond the New Physics.* New York: Anchor Books, 1987.

Talbot, Michael. *Beyond the Quantum.* New York: Bantam Books, 1986. Deutsch: *Jenseits der Quanten. Wie die neue Physik die Kluft zwischen Wissenschaft und Glauben überbrückt.* München: Heyne, 1990.

Toben, Bob, und Fred Alan, Wolf. *Space-Time and Beyond.* New York: Bantam Books, 1983. Deutsch: *Raum-Zeit und erweitertes Bewußtsein.* Frankfurt am Main: Fischer Taschenbuch Verlag, 1990.

Zukav, Gary. *The Dancing Wu Li Masters.* New York: Bantam Books, 1979. Deutsch: *Die tanzenden Wu-Li-Meister. Der östliche Pfad zum Verständnis der modernen Physik: vom Quantensprung zum Schwarzen Loch.* Reinbek: Rowohlt, 1981.

Selbstorganisationssysteme

Jantsch, Erich. *The Self-Organizing Universe.* Oxford: Pergamon Press, 1980. Deutsch: *Die Selbstorganisation des Universums. Vom Urknall zum menschlichen Geist.* München: Hanser, 1992 (erw. Neuauflage).

Nonaka, Ikujiro. «Creating Organizational Order Out of Chaos: Self-Renewal in Japanese Firms.» *California Management Review*, Frühjahr 1988, 57–73.

Prigogine, Ilya, und Isabelle Stengers. *Order Out of Chaos.* New York: Bantam Books, 1984. Deutsch: *Das Paradox der Zeit. Zeit, Chaos und Quanten.* München: Piper, 1993.

Chaostheorie

Briggs, John, und F. David Peat. *Turbulent Mirror: An Illustrated Guide to Chaos Theory and the Science of Wholeness.* New York: Harper and Row, 1989. Deutsch: *Die Entdeckung des Chaos. Eine Reise durch die Chaos-Theorie.* München: Hanser, 1990.

Gleick, James. *Chaos: Making a New Science.* New York: Viking, 1987. Deutsch: *Chaos: Die Ordnung des Universums. Vorstoß in Grenzbereiche der modernen Physik.* München: Droemer, 1988.

Philosophische und methodologische Fragen

Bohm, David. *Wholeness and the Implicate Order.* London: Ark Paperbacks, 1980.

Chopra, Deepak. *Quantum Healing: Exploring the Frontiers of Mind and Body Medicine.* New York: Bantam Books, 1989. Deutsch: *Die heilende Kraft. «Quantum Healing». Ayurveda, das altindische Wissen vom Leben, und die modernen Naturwissenschaften.* Bergisch-Gladbach: Lübbe, 1990.

Jantsch, Erich. *The Self-Organizing Universe.* Oxford: Pergamon Press, 1980. Deutsch: *Die Selbstorganisation des Universums. Vom Urknall zum menschlichen Geist.* München: Hanser, 1992 (erw. Neuauflage).

Lincoln, Yvonna S., ed. *Organizational Theory and Inquiry: The Paradigm Revolution.* Beverly Hills: Sage, 1985.

Peat, David F. *Synchronicity.* New York: Bantam Books, 1987. Deutsch: *Synchronizität. Die verborgene Ordnung.* München: O. W. Barth, 1991.

Wilber, Ken, ed. *The Holographic Paradigm and Other Paradoxes: Exploring the Leading Edge of Science.* Boston: Shambala, 1985. Deutsch: *Das holographische Weltbild. Wissenschaft und Forschung auf dem Weg zu einem ganzheitlichen Weltverständnis.* München: Heyne, 1990.

Wilber, Ken, ed. *Quantum Questions: Mystical Writings of the World's Great Physicists.* Boston: Shambala, 1985. Deutsch: *Die drei Augen der Erkenntnis. Auf dem Weg zu einem neuen Weltbild.* München: Kösel, 1988.

Zohar, Danah. *The Quantum Self: Human Nature and Consciousness Defined by the New Physics.* New York: William Morrow and Co., 1990.

Organisationstheorie und -praxis

Barry, David. «Managing the Bossless Team: Lessons in Distributed Leadership.» *Organizational Dynamics*, Sommer 1991, 31–47.

«Being the Boss.» *Inc.*, Oktober 1989, 49–65.

Brassard, Michael. *Memory Jogger Plus: The Seven New Tools of Management*. Methuen, Mass.: Goal/QPC, 1987.

Bygrave, William. «The Entrepreneurship Paradigm (1): A Philosophical Look at Its Research Methodologies.» In *Entrepreneurship Now and Then*. Baylor University, Herbst, 1989.

Cartwright, T. J. «Planning and Chaos Theory.» *APA Journal* (Winter 1991): 44–56.

Dumaine, Brian. «The Bureaucracy Busters.» *Fortune*, 17. Juni 1991, 37–50.

Ferchat, Robert A. «The Chaos Factor.» *The Corporate Board*, Mai/Juni 1990, 38–12.

Howard, Robert. «Values Make the Company: An Interview with Robert Haas.» *Harvard Business Review*, Sept./Okt. 1990, 133–144.

Lincoln, Yvonna S., ed. *Organizational Theory and Inquiry: The Paradigm Revolution*. Beverly Hills, Calif.: Sage, 1985.

Morgan, Gareth. *Images of Organization*. Newbury Park, Calif.: Sage Publications, 1986, besonders Kapitel 4 und 8.

Nonaka, Ikujiro. «Creating Organizational Order Out of Chaos: Self-Renewal in Japanese Firms.» *California Management Review*, Frühjahr 1988.

Prahalad, C. K., und Gary Hamel «The Core Competence of the Corporation.» *Harvard Business Review*, Mai/Juni 1990, 79–91.

Radzicki, Michael J. «Institutional Dynamics, Deterministic Chaos, and Self-Organizing Systems.» *Journal of Economic Issues*, 24 (März 1990): 57–102.

Semler, Ricardo. «Managing without Managers.» *Harvard Business Review*, Sept./Okt. 1989, 76–84.

Senge, Peter. *The Fifth Discipline: The Art and Practice of the Learning Organization*. New York: Doubleday/Currency, 1990.

Vaill, Peter M. *Managing as a Performing Art*. San Francisco: Jossey-Bass, 1989.

Weick, Karl. «Substitute for Corporate Strategy.» *The Competitive Challenge: Strategies for Industrial Innovation and Renewal*, edited by D. J. Teece. Cambridge, Mass.: Ballinger Publishing Co., 1987.

Weisbord, Marvin R. *Discovering Common Ground: Strategic Futures Conferences for Improving Whole Systems*. San Francisco: Berrett-Koehler, 1993.

Weisbord, Marvin R. *Productive Workplaces: Managing for Dignity, Commitment and Meaning*. San Francisco: Jossey-Bass, 1987.

LITERATURVERZEICHNIS

Augros, Robert M., und George N. Stanciu. *The New Story of Science.* New York: Bantam Books, 1984.

Bateson, Gregory. *Mind and Nature.* New York: Bantam Books, 1980. Deutsch: *Geist und Natur. Eine notwendige Einheit.* Frankfurt am Main: Suhrkamp, 1987.

«Being the Boss.» *Inc.*, Oktober 1989, 49–65.

Bellah, Robert N., Richard Madsen et. al. *Habits of the Heart.* New York: Harper and Row, 1985. Deutsch: *Gewohnheiten des Herzens. Individualismus und Gemeinsinn in der amerikanischen Gesellschaft.* Köln: Bund, 1987.

Bohm, David. *Wholeness and the Implicate Order.* London: Ark Paperbacks, 1980.

Bonnefoy, Yves. *Mythologies.* Chicago: University of Chicago Press, 1991.

Brassard, Michael. *The Memory Jogger Plus: The Seven New Tools of Management.* Methuen, Mass.: Goal / QPC, 1989.

Briggs, John, und F. David Peat. *Turbulent Mirror: An Illustrated Guide to Chaos Theory and the Science of Wholeness.* New York: Harper and Row. 1989. Deutsch: *Die Entdeckung des Chaos. Eine Reise durch die Chaos-Theorie.* München: Hanser, 1990.

Bygrave, William. «The Entrepreneurship Paradigm (1): A Philosophical Look at Its Research Methodologies» in: *Entrepreneurship Now and Then.* Baylor University, Herbst 1989.

Capra, Fritjof. *The Tao of Physics.* New York: Bantam Books, 1976. Deutsch: *Das Tao der Physik. Die Konvergenz von westlicher Wissenschaft und östlicher Philosophie.* München: O. W. Barth, 1984.

Capra, Fritjof. *The Turning Point: Science, Society, and the Rising Culture.* New York: Bantam Books, 1983. Deutsch: *Wendezeit. Bausteine für ein neues Weltbild.* München: Scherz, 1987.

Cartwright, T. J. «Planning and Chaos Theory.» *APA Journal* (Winter 1991): 44–56.

Chopra, Deepak. *Quantum Healing: Exploring the Frontiers of Mind and Body Science.* New York: Bantam Books, 1989. Deutsch: *Die heilende Kraft. «Quantum Healing». Ayurveda, das altindische Wissen vom Leben, und die modernen Naturwissenschaften.* Bergisch-Gladbach: Lübbe, 1990.

Chopra, Deepak. *The New Physics of Healing*. Boulder, Co.: Sounds True Recording, 1990. Audio-Cassette.

Cohen, M. D., J. G. March und J. P. Olsen «A garbage can model of organizational choice.» *Administrative Science Quarterly*, 17, 1974, 1–25.

Cole, K. C. *Sympathetic Vibrations: Reflections on Physics as a Way of Life*. New York: Bantam Books, 1985.

Coveney, Peter, und Roger Highfield. *The Arrow of Time: A Voyage Through Science to Solve Time's Greatest Mystery*. New York: Fawcett Columbine, 1990. Deutsch: *Anti-Chaos. Der Pfeil der Zeit in der Selbstorganisation des Lebens*. Reinbek: Rowohlt, 1992.

Davies, P. C., und J. Brown *Superstrings: A Theory of Everything?* Cambridge, U. K.: Cambridge University Press, 1988.

Eiseley, Loren. *The Star Thrower*. San Diego: Harvest/HBJ, 1978.

Ferris, Timothy. *Coming of Age in the Milky Way*. New York: Doubleday, 1988. Deutsch: *Galaxien*. Basel: Birkhäuser, 1992 (5. Auflage).

Feininger, Andreas. *In a Grain of Sand: Exploring Design by Nature*. San Francisco: Sierra Club Books, 1986.

Fox, Matthew. *Creation Spirituality*. San Francisco: Harper, 1991. Deutsch: *Schöpfungsspiritualität. Heilung und Befreiung für die Erste Welt*. Stuttgart: Kreuz, 1993.

Frankl, Viktor. *Man's Search for Meaning*. Boston: Beacon Press, 1959. Deutsch: *Der Mensch vor der Frage nach dem Sinn*. München: Piper.

Glass, Leon, und Michael C. Mackey. *From Clocks to Chaos*. New Jersey: Princeton University Press, 1988.

Gleick, James. *Chaos: Making a New Science*. New York: Viking, 1987. Deutsch: *Chaos: Die Ordnung des Universums. Vorstoß in Grenzbereiche der modernen Physik*. München: Droemer, 1988.

Gribbin, John. *In Search of Schroedinger's Cat: Quantum Physics and Reality*. New York: Bantam Books, 1984. Deutsch: *Auf der Suche nach Schrödingers Katze. Quantenphysik und die Wirklichkeit*. München: Piper, 1987.

Handy, Charles. *The Age of Unreason*. Cambridge, Mass.: Harvard Business School Press, 1989.

Heisenberg, Werner. *Physics and Philosophy*. New York: Harper Torchbooks, 1958. Deutsch: *Physik und Philosophie*. Stuttgart: Hirzel, 1990 (5. Auflage).

Herbert, Nick. *Quantum Reality: Beyond the New Physics*. New York: Anchor Doubleday, 1985.

184

Howard, Robert. «Values Make the Company: An Interview with Robert Haas.» *Harvard Business Review.* Sept./Okt. 1990, 133–144.

Jantsch, Erich. *The Self-Organizing Universe.* Oxford: Pergamon Press. 1980. Deutsch: *Die Selbstorganisation des Universums. Vom Urknall zum menschlichen Geist.* München: Hanser, 1992 (erw. Neuauflage).

Kanter, Rosabeth. *The Changemasters.* New York: Simon and Schuster, 1983.

Kanter, Rosabeth Moss. *Men and Women of the Corporation.* New York: Basic Books, 1977.

Lincoln, Yvonna S., ed. *Organizational Theory and Inquiry: The Paradigm Revolution.* Beverly Hills, Calif.: Sage, 1985.

Lovelock, J. E. *Gaia.* New York: Oxford Univ. Press, 1987. Deutsch: *GAIA. Die Erde ist ein Lebewesen.* München: Scherz, 1992.

March, Robert H. *Physics for Poets.* Chicago: Contemporary Books, 1978.

Margalef, Ramon. *Co-Evolution Quarterly* (Sommer 1975): 49–66.

Margulis, Lynn, und Dorion Sagan *Micro-cosmos.* New York: Summit Books, 1986.

Maturana, H., und F. Varela *Autopoiesis and Cognition: The Realization of the Living.* London: Reidl, 1980.

Meadows, Donella. «Whole Earth Models and Systems.» *Co-Evolution Quarterly* (Sommer 1982): 98–108.

Nohria, N. «Creating New Business Ventures: Network Organization in Market and Corporate Contexts.» Ph. D. diss., MIT, 1988.

Nonaka, Ikujiro. «Creating Organizational Order Out of Chaos: Self-Renewal in Japanese Firms.» *California Management Review,* Frühjahr 1988, 57–73.

Pacanowski, Michael. «Communication in the Empowering Organization.» In: *International Communications Association Yearbook II.* J. A. Anderson, ed. Beverly Hills, Calif.: Sage Publications, 1988, 356–379.

Pagels, Heinz. *The Dreams of Reason.* New York: Bantam Books, 1989.

Peat, F. David. *Synchronicity: The Bridge Between Matter and Mind.* New York: Bantam Books, 1987. Deutsch: *Synchronizität. Die verborgene Ordnung.* München: O. W. Barth, 1991.

Peat, F. David. *The Philosopher's Stone: Chaos, Synchronicity and the Hidden Order of the World.* New York: Bantam Books, 1991 Deutsch: *Der Stein der Weisen. Chaos und verborgene Weltordnung.* Hamburg: Hoffmann und Campe, 1992.

Peitgen, Heinz-Otto, und Dietmar Saupe, eds. *The Science of Fractal Images.* New York: Springer-Verlag, 1988. Unter demselben (engl.) Titel erschienen im Berliner Springer-Verlag, 1988.

Peters, Tom. *Thriving on Chaos.* New York: Knopf, 1987. Deutsch: *Kreatives Chaos. Die neue Management-Praxis.* Hamburg: Hoffmann und Campe, 1988.

Pinchot, G. *Intrapreneuring.* New York: Harper & Row, 1985. Deutsch: *Intrapreneuring. Mitarbeiter als Unternehmer.* Wiesbaden: Gabler, 1988.

Prahalad, C. K., und Gary Hamel, «The Core Competence of Corporation.» *Harvard Business Review.* Mai / Juni 1990, 79–91.

Prigogine, Ilya. *Omni.* Mai 1983, 85–121.

Prigogine, Ilya, und Isabelle Stengers, *Order Out of Chaos.* New York: Bantam Books, 1984. Deutsch: *Das Paradox der Zeit. Zeit, Chaos und Quanten.* München: Piper, 1990.

«Research Roundup.» *Science Digest.* Juni 1984.

Schlain, Leonard. *Art and Physics: Parallel Visions in Space, Time and Light.* New York: William Morrow and Co., 1991.

Semler, Ricardo. «Managing without Managers.» *Harvard Business Review.* Sept. / Okt. 1989, 76–84.

Sheldrake, Rupert. *A New Science of Life.* Los Angeles: Jeremy Tarcher, 1981. Deutsch: *Die Wiedergeburt der Natur. Wissenschaftliche Grundlagen eines neuen Naturverständnisses.* Sonderausgabe München: Scherz, 1993.

Sheldrake, Rupert. *The Presence of the Past.* New York: Vintage Books, 1988.

Sheldrake, Rupert, und David Bohm, «Morphogenetic Fields and the Implicate Order.» *ReVision* 5 (Herbst 1982).

Starbuck, W. H. «Organizations and Their Environments.» In: M. D. Dunnette, ed. *Handbook of Industrial and Organizational Psychology.* New York: Rand, 1976, 1069–1123.

Talbot, Michael. *Beyond the Quantum.* New York: Bantam Books, 1986. Deutsch: *Jenseits der Quanten. Wie die neue Physik die Kluft zwischen Wissenschaft und Glauben überbrückt.* München: Heyne, 1990.

Thompson, William Irwin. *Imaginary Landscape.* New York: St. Martin's Press, 1989.

Toben, Bob, und Fred Alan Wolf. *Space-Time and Beyond.* New York:

Bantam Books, 1983. Deutsch: *Raum-Zeit und erweitertes Bewußtsein*. Frankfurt am Main: Fischer Taschenbuch Verlag, 1990.

Tushman, M., und D. Nadler, «Organizing for Innovation.» *California Management Review*. Frühjahr 1986, 74–92.

Vaill, Peter. *Managing as a Performing Art*. San Francisco: Jossey-Bass Publishers, 1989.

Weick, Karl. *The Social Psychology of Organization*. New York: Random House, 1979. Deutsch: *Der Prozeß des Organisierens*. Frankfurt am Main: Suhrkamp, 1985.

Weick, Karl. «Substitute for Corporate Strategy.» In: *The Theoretical Context of Strategic Management*, D.J. Teece, ed. Cambridge, Mass.: Ballinger Publishing Co., 1987.

Weisbord, Marvin. *Discovering Common Ground: Strategic Futures Conferences for Improving Whole Systems*. San Francisco: Berrett-Koehler, 1993.

Weisbord, Marvin. *Productive Workplaces: Managing for Dignity, Commitment and Meaning*. San Francisco: Jossey-Bass, 1987

Wilber, Ken, ed. *The Holographic Paradigm and Other Paradoxes*. Boulder, Colorado: Shambala Press, 1985. Deutsch: *Das holographische Weltbild. Wissenschaft und Forschung auf dem Weg zu einem ganzheitlichen Weltverständnis*. München: Heyne, 1990.

Wilber, Ken. *Quantum Questions*. Boston: Shambala, 1984.

Wilczek, Frank, und Betsy Devine, *Longing for the Harmonies*. New York: W.W. Norton and Co., 1988.

Wolf, Fred Alan. *Parallel Universes*. New York: Touchstone Books, 1988. Deutsch: *Parallele Universen. Die Suche nach anderen Welten*. Frankfurt am Main: Insel, 1993.

Wolf, Fred Alan. *Star Wave*. New York: Collier Books, 1984.

Wolf, Fred Alan. *Taking the Quantum Leap*. New York: Harper and Row, 1989.

Zohar, Danah. *The Quantum Self: Human Nature and Consciousness Defined by the New Physics*. New York: William Morrow and Co., 1990.

Zuboff, Shoshonna. *In the Age of the Smart Machine*. New York: Basic Books, 1988.

Zukav, Gary. *The Dancing Wu Li-Masters*. New York: Bantam Books, 1979. Deutsch: *Die tanzenden Wu-Li-Meister. Der östliche Pfad zum Verständnis der modernen Physik: vom Quantensprung zum Schwarzen Loch*. Reinbek: Rowohlt, 1981.

DANKSAGUNG

Eines Tages saß ich an meinem Schreibtisch, umgeben von Bücherstapeln, und arbeitete, als ich plötzlich ein tiefes Gefühl der Dankbarkeit für alle diejenigen empfand, die sich die Zeit genommen hatten, Neues zu erforschen, Untersuchungen anzustellen, zu überlegen, Schlüsse zu ziehen und ihre Erkenntnisse weiterzugeben. Ohne ihre Bemühungen, ihre intensive Beschäftigung mit dem Thema hätte ich nicht lernen können, was ich gelernt habe, und ich bewundere ihre Selbstdisziplin und ihre immer wache Offenheit. Mein erster Dank gilt daher den Autoren, die in der Bibliographie genannt sind.

Viele Menschen haben mir mit guten Ideen, mit ständiger Ermutigung und gründlichen Überlegungen beim Schreiben dieses Buches geholfen. Ich danke vor allen Dingen:

Lavina Fielding Anderson, Maurice Atkin, Rachel Bassett, Jim Bell, Paul Carlile, Sandra Claudell, J.Bart Czirr, Gil Dube, Sarah Eames, Badi Foster, John Grassi, Samuel Guider, Jill Kanter, Reba Keele, Myron Kellner-Rogers, Gary L.Jensen, Grant Lasson, Henry Lester, Eileen Morgan, Randy Moore, Steven Piersanti, Larry Rees, Jaye Sacks, Lisa Vincent, Marvin Weisbord, Lana Wertz und Dale Wright.

Besonderer Dank aber gebührt meiner großen, lebhaften, liebevollen Familie, die mich immer nur unterstützt hat.

ÜBER DIE AUTORIN

Margaret J. Wheatley ist Professorin für Management an der Brigham Young University in Provo bei Salt Lake City, Utah. Sie ist als Wirtschaftsberaterin für verschiedene große und kleine Unternehmen tätig und eine der Gründer des Berkana Institute. Dieses Buch zu schreiben war für sie eine völlig neue Herausforderung, fügte sich andererseits aber auch sinnvoll in ihre Arbeit ein. Denn es ging hier primär um eine Synthese der verschiedenen Bereiche, die für sie bisher in ihrem Leben von besonderem Interesse waren.

Ihren ursprünglichen Plan, Naturwissenschaftlerin zu werden, gab sie auf und studierte statt dessen Geschichte und englische Literatur an der University of Rochester und am University College in London. Sie war zwei Jahre mit dem Peace Corps in Korea und arbeitete dann mehrere Jahre als Bildungsbeauftragte im Rahmen verschiedener Sozialprogramme der Stadt New York. Ihren Master machte sie in «Systemtheorie und Kommunikation» in New York. In dieser Zeit begann sie sich verstärkt für den Aufbau, die Struktur und die Funktion von Organisationen zu interessieren. Sie wechselte auf die Harvard University über und promovierte in Administration, Planung und Sozialpolitik unter besonderer Berücksichtigung von Analyse, Diagnose und Interventionsprogrammen von Unternehmen.

Margaret J. Wheatley war Mitbegründerin von Rosabeth Kanters Firma, Goodmeasure, Inc., und begann damit ihre Karriere als Wirtschaftsberaterin. Ein paar Jahre später war sie an der Gründung der Ibis Consulting Group, Inc., in Cambridge, Massachusetts, beteiligt. Sie war für die unterschiedlichsten Klienten tätig, für Topmanager aus den obersten 500 des «Fortune»-Magazins, aber auch Bildungsinstitute und gemeinnützige Vereine suchten ihren Rat. Zwangsläufig wurden ihr so die Probleme der Wirtschaftsführer wie auch der Fließbandarbeiter vertraut. In jüngster Zeit hat sie sich für Methoden der Partizipation interessiert: Wie sind sämtliche Abteilungen eines Unternehmens an Zukunftsplanungen zu beteiligen? Ihre Vorträge vor Aktionärsversammlungen und Berufsverbänden befassen sich oft mit dem Problem der Beschaffung von Arbeitsplätzen und dem Wunsch jedes einzelnen nach einer sinnvollen Tätigkeit. Sie macht außerdem Vorschläge, wie man organisatorische Strukturen und Einrichtungen schafft, die flexibel reagieren und schnellen Veränderungen gewachsen sind.

1990 gründete sie zusammen mit anderen das Berkana Institute, eine gemeinnützige Organisation, um diejenigen zu unterstützen, die mit neuen strukturellen Formen experimentieren und versuchen, Managementaufgaben von einem mehr integrierten Selbstverständnis her anzugehen.

Sie hat bisher ein Buch zum Thema «Familie und Arbeit» veröffentlicht, ebenso mehrere Artikel darüber, wie die Chance, in einem großen Unternehmen eine leitende Position einzunehmen, erkannt und wahrgenommen werden kann, über die Schaffung von ethisch ausgerichteten Arbeitsmöglichkeiten und die motivierende Kraft von festen Wertvorstellungen in Zeiten wirtschaftlicher Unsicherheit.

Sie und ihr Mann, Nello-John Pesci, haben sieben Kinder und sind vor nicht langer Zeit von der Ostküste nach Utah gezogen, wo sie sich neben ihrer vollen Berufstätigkeit auch noch um eine kleine Pferderanch und einen Obstgarten kümmern.